続・中学生からの大学講義 1

学ぶということ

桐光学園+ちくまプリマー新書編集部・編

★──ちくまプリマー新書

305

「今こそ、学ぶのだ！」宣言

ちくまプリマー新書は、「プリマー（primer（名詞）：入門書）」の名の通り、ベーシックなテーマを、初歩から普遍的に説き起こしていくことを旨とするレーベルです。学生の皆さんは元より、「学びたい」と考えるすべての人を応援しています。

このたび、桐光学園と共同で〈中学生からの大学講義〉という小さなシリーズを編みました。「どうすれば大学に入れるか」のガイドは世間に溢れています。でも「大学で何を学べるのか」について良質なアドバイスはまだまだ少ない。そこで、知の最前線でご活躍の先生方を迎え、大学でなされているクオリティのままに、「学問」を紹介する講義をしていただき、さらに、それらを本に編みました。各々の講義はコンパクトで、わかりやすい上に、大変示唆に富み、知的好奇心をかきたてるものとなっています。

本シリーズの各巻はテーマ別の構成になっています。これらを通して読めば、「学問の今」を知っていただけるでしょうし、同時に正解のない問いに直面した時こそ必要な〝考える力〟を育むヒントにもなると思います。変化の激しい時代を生き抜くために、今こそ学ぶのだ！

ちくまプリマー新書編集部

挿画　南伸坊

目次＊Contents

生きる力を高める

内田樹

うちだ・たつる
一九五〇年東京都生まれ。思想家、武道家、多田塾甲南合気会師範。神戸女学院大学名誉教授。著書に『先生はえらい』『街場のアメリカ論』『街場の大学論』『街場の教育論』『街場の戦争論』など。小林秀雄賞などの他、著作活動全般に対して伊丹十三賞を受賞。現在門下生三〇〇名を数える道場・凱風館館長。

本日は「生きる力を高める」「いのちの力を高める」というテーマでお話しします。

もし僕が君たちくらいの年齢であれば、今後世界はどうなってしまうんだろうか、この社会の仕組みはいつまで続くのか、近いうちに破局的な事態が到来するんじゃないか、と不安を感じるに違いありません。自分がいま学校でやっている勉強は本当に生きる上で役に立つのか、自分が勝手に思い描いているキャリアパスは二〇年後も有効なのか。さっぱり見通しが立たない時代。

でも、実はいつの時代だって、事情は同じなんです。いつでも先の見通しなんかさっぱり立たなかった。よく高度成長期は未来に希望があって、社会全体が明るかったと、言う人がいますが、そんなのまるで嘘です。当時だって、先の見通しが立たない点ではいまと少しも変わらなかった。高度成長は一九五〇年代の終わり頃に始まります。僕が小学校の終わりから中学校に入る頃です。だから、時代の空気をよく覚えています。その時代のベースにあった空気はかなり暗鬱なものでした。すごく暗かった。

なぜ暗かったのか。それは米ソ核戦争がいつあるか予測が立たなかったからです。六〇年前後というのは東西冷戦、米ソの二大超軍事大国がお互いに核ミサイルを持ってにらみ合っていました。六二年のキューバ危機のときは第三次世界大戦開戦直前まで行ったのです。日本は敗戦国でしたので国際政治に関与できるような国力がありませんでした。日本の一般国民が何を思おうと、何をしようと、それによって核戦争の勃発を食い止めることなんかできない。原水爆実験がつぎつぎに行われ、雨が降るたびに核実験で放出された放射性物質が日本人の頭上にも容赦なく降り注ぎました。そういう時代でした。日本だけではありません、五〇年代末から六〇年代にかけて、世界中のどこの国の人たちも同じように、深い無力感に蝕(むしば)まれていたのです。

成功のロールモデルは自分で見つけるしかない

ＳＦというジャンルがその頃誕生しました。人類が自分で創り出したテクノロジーによって滅びる可能性が切迫してきたのに、その虚無感と恐怖を描き出す文学形式がそれまで存在しなかったので、ＳＦはそのために発明された新しい文学ジャンルでした。ですから、その頃核戦争で人類が滅びる物語がいくつも映画化されました。スタンリー・キューブリックの『博士の異常な愛情』（六四年）、スタンリー・クレイマーの『渚にて』（五九年）を見ると、人間が愚かにも地球を滅ぼしてしまうことのリアリティがひしひしと伝わってきます。

キューバ危機以後、東西の歩み寄りがあり、少し平和な時代が来たかに思えました。しかし、今度は一九六七年ごろから世界中で同時多発的に革命闘争が起きました。僕が高校生から大学生の頃のことです。中国では六六年から文化大革命が始まり、一〇年の間に死者四〇万人とも一〇〇〇万人とも言われるほどの規模の内戦状態となりました。アメリカはキング牧師の率いた公民権運動やSDSのような市民運動や学生運動からブラックパンサーのような武装蜂起組織が生まれました。ドイツではバーダー・マインホフ・グループ、イタリアでは「赤い旅団」が武装闘争を展開していましたし、フランスでは六七年のパリ五月革命が起きていました。文字通り世界中で体制を揺るがすような革命運動が起きていたのです。日本でもほとんどの大学で全共闘が組織されて、全国学園紛争が拡がっていました。

そのような時代のことを「あの頃は未来が明るくて、良い時代だった」というふうに回顧する人間を僕はぜんぜん信用しません。僕は核戦争がいつ起きるかわからなかった時代に小学生、中学生時代を送り、社会制度が根本から覆されそうとしていた時代に高校生、大学生だった人間ですから、「先が見えなくて不安である」というのは、いわば僕にとっては「当たり前」のことです。いまに始まった話じゃない。

先が見えなくなったという点では、これが三回目ということになります。そういう激動期には「こういう風に生きたら安全」という信頼できるサクセスモデルがありません。いつでも、そのときどきの歴史的状況は人類にとってはじめて直面するものです。ですから、原理的に言えば、どんな時代のどんな社会にも「こういう風に生きていれば必ず成功します」というようなキャリアパスは存在しないのです。これまでも存在したことがないし、これからもない。成功のロールモデルというものは存在しないのです。それは自分で見つけるしかありません。自分の生き方は自分で決める。失敗しても誰も恨まない。自分の判断力の足りなさを悔いるしかない。

でも、そう言い切るためには、いま世界で何が起きているのか、日本社会がどういうふうに構造化されていて、どうなろうとしているのか、それについての見通しを持つ必要があります。資本主義経済システムはどうなるのか、化石燃料が枯渇したあとエネルギーをどう手当てするのか、食糧危機や水不足が現実のものとなったときにどう生き延びるか、日本社会の人口が五〇〇〇万人減ったあとどういう社会制度を設計するのか、これらはいまから三〇年、五〇年後に君たちがまだ現役で働いている間に切迫する問題です。必ず、こういう問題に君たちは直面することがわかっている。そのためにいまからどういう備えをするべきか、それを君たちは最優先に考えなければいけない。

でも、そういうスケールで社会のことを語る人は残念ながらたぶん君たちのまわりにはほとんどいません。だから、君たちは自分のポジションがわからない。自分が歴史的文脈のなかのどこにいて、どういう役割を期待されているのか、そういうことがわからない。

日本の政治家はこんなとき突如前言を撤回する

つい先ほど、ここへ来る前、ある新聞から集団的自衛権行使容認の閣議決定についてのインタビューを受けていました。若い記者からこの政治決定についての賛否を問われたので、賛成するにしても反対するにしても、どうしてこんなことが政治日程にのぼってきたのか、その歴史的な流れを知らないと判断のしようがないだろうと説教して(笑)、いったいこれが何を意味するのかについて説明をしました。

二〇一二年の暮れからこの話は始まります。ご存じの通り、その年の総選挙で自民党が大勝して民主党政権からの奪権を果したわけです。そのとき安倍総裁は本気で改憲するつもりでした。野党時代の自民党改憲草案はネットで検索するとすぐに出てきますから、ぜひ一読しておいてください。自民党が改憲によってどのような社会を作ろうとしているのか、よくわかります。基本的人権を限定し、行政府に権力を集中させるある種の非民主的な政体を作ることが自民党の目的です。

しかし、改憲に踏み切ろうとしたところアメリカからブレーキをかけられた。メディアは伝えていませんが、状況を考えるとそういうことだとしか思えません。一三年の四月に安倍首相は国会で戦争責任について村山談話を継承しないと明言しました。あれは侵略戦争ではなかったのだから、反省も謝罪もする気はないという本音を漏らしたのです。

すると、すぐにアメリカからきびしい指導が入りました。アメリカは東アジア地域に不要な緊張が起きることを望んでいません。北アジアには北朝鮮というリスクファクターがある。中国、韓国、日本と連携して、北朝鮮の破局的事態を阻止するということがアメリカの西太平洋戦略の重大な主題です。日本が侵略戦争の責任を否認し、中国、韓国との外交関係が悪化することはアメリカの全く望んでいないことです。ただでさえ、アフガニスタン、イラク、シリアに問題を抱えているアメリカとしては、これ以上仕事を増やして欲しくない。ですから、「改憲はノー」のシグナルが送られてきました。それが四月末から五月にかけてのことです。ですから、村山談話を「継承しない」と明言した三週間後に安倍首相は「これまで通り継承する」と前言を撤回しました。

その理由を官房長官は「中国、韓国に対する外交的配慮から」と説明しました。でも、誰が聴いてもこれは嘘です。中国、韓国が怒ることが百もわかった上でした発言を「中国、韓国が怒ったから」撤回するというのはありえない。だとすれば、アメリカから撤回の指示があったと考えるしかない。日本の政治家が理由を明かさずに突然前言を撤回するとしたら、それはたいていの場合「アメリカからの指示」だからです。

このアメリカの干渉に切れたのが、安倍さんの改憲派の同志である大阪の橋下(はしもと)市長です。首相が「村山談話継承」を発表した二日後に市長は慰安婦問題をめぐってアメリカに対して挑発的な発言をしました。内容はご存じですね。アメリカ軍に日本の慰安婦制度を批判する倫理的な優位性はないというのが発言の本旨でした。そんなことは「誰だってやっていることだ。日本だけが責められるのは筋違いだ」という市長のアメリカ批判に対して、アメリカは集中豪雨的な批判を加えました。最初はニューヨークタイムズが批判記事を掲載し、大統領報道官が記者会見で市長を名指しで批判し、大阪の姉妹都市サンフランシスコ市の市長は橋下市長の訪米も表敬訪問も拒否しました。日本の一地方自治体の首長の暴言に対して、ここまで激しい批判が加えられたのは前代未聞のことです。それはホワイトハウスが、市長の発言は単なる個人的な暴言ではなく、「アメリカに改憲を阻止されたことに対する安倍首相の同志からの反論」だということを見抜いていたからです。だから、アメリカの世界戦略に逆らうとどうなるかということを橋下市長を「みせしめ」にすることで示したのです。官邸はその時点で改憲を断念しました。

しかし、改憲は安倍首相の執念ですから、なんとかして実はとりたい。そこで出てきたのが、特定秘密保護法案と集団的自衛権の行使です。改憲という「パイ」をアメリカに拒否されたので、それを二つに分割して、アメリカに「呑ませる」という手口を考えついた知恵者が官邸にいたのです。狡知に長けた人がいるものです。僕はこのずるがしこさには敬意を表したいと思うほどです。

アメリカが反対する限り改憲はできません。でも、改憲の実は取りたい。改憲の本丸は戦争放棄を定めた九条二項と表現の自由・集会結社の自由を定めた二十一条です。九条と二十一条さえ空洞化できれば、改憲の実質は果たせる。では、九条と二十一条の空洞化をどうやってアメリカに呑ませるか。それは、どちらも「アメリカの国益に資すること」だという説明をすればよい。

集団的自衛権は東アジアで発動される可能性がない

特定秘密保護法案がそもそもどういう理由で起案されたのか覚えていますか。日米共同の軍事作戦において、現在の防諜対策ではアメリカの軍機がダダ漏れになってしまう、これをなんとかしてアメリカの国益を守りたいというのが法案制定のそもそもの趣旨でした。最初から表現の自由、集会・結社の自由を制限するための法律だとは言っていません。そんなことを言えばアメリカの建国の精神にも民主主義の大義にも反する。でも、アメリカの国益を守るために日本国民の人権を制約するのですと言えば、アメリカの側には反対するロジックはありません。「いや、アメリカの国益より、日本国民の人権の方がたいせつだ」というようなやわなことをアメリカは言いません。

それに、二十一条の空洞化に対しては韓国や中国も反対はできない。なぜなら彼らは日本に向かって「あなた方は言論の自由を抑圧している、国民の政治的自由を抑圧している。それは許せない」というようなことを言える立場にないからです。中国や韓国は言論の自由や政治的自由では日本より遅れている。日本を非とするためには、自分の国では「国民はこんなに人権を享受している」ということを示さなければならない。でも、そんなこと言えるはずがない。

日本政府が国民の人権を制約する法律をどれほど作っても、東アジアにはそれに反対できる国は一つもありません。一つも、ない。反対するとしたらアメリカだけですけれど、アメリカに対しては「アメリカの軍機を守るため」と飴をなめさせてある。だからアメリカも反対しない。なかなかの悪知恵です。

九条の空洞化は七月の集団的自衛権行使容認の閣議決定で果たされました。集団的自衛権というのは、歴史的に見ればわかるとおり、軍事的超大国が自分の属国や衛星国にある傀儡（かいらい）政権が民主化運動や反政府運動によって危機的状況になったときに軍を出して、民主化運動・反政府運動をつぶすために使う国際法上の規定です。

一九五六年のハンガリー動乱、六四年のベトナム戦争、六八年の「プラハの春」への軍事介入、二〇〇一年のアフガニスタン紛争といった適用事例を見れば、アメリカとソ連が自分の「シマうち」を治めるために派兵するというかたちでしか行使されたことがないことは明らかです。日本が使えるような権利じゃありません。だって、日本には海外に親日的な傀儡政権なんかないからです。仮にそういうものがあって、その親日政権が民主化闘争や反政府闘争のせいで崩れかけていたら、日本の利権を守るために出兵するというのは（ひどい話ですけれど）話の筋目だけは通っている。でも、日本には親日的な傀儡政権なんか世界のどこにもありません。

だから、日本ができることと言えば、アメリカが自分の「シマ」だと思っているところにアメリカの利権を守るために出兵するときに、それについてゆくことだけです。その派兵を「アメリカの国益が侵されることは、日本の国益が侵されることと同義である」として正当化するつもりでいる。

いったいどこに派兵するのか。集団的自衛権に賛成という人たちは多くが「そうしておけば、韓国や中国や北朝鮮から攻められない」と言いますが、これはまったく国際法というものを理解していない発言です。わが国の国土が外国軍に侵略された場合に反撃することは「個別的自衛権」の発動として国際法的に認められている。そもそも、歴代内閣も九条の「戦争放棄」は個別的自衛権まで放棄したものではないという解釈を採ってきており、国民のほとんどもそう思っている。集団的自衛権なんか発動する必要はまったくない。

だいたい韓国が攻めてくるなんてことはありえないのです。韓国軍の戦時作戦統制権はいまでも在韓米軍司令官が持っています。法律的に韓国軍はアメリカ軍との一体行動以外取ることができない。だから、韓国軍が日本領土に攻めてくるというときは、それは米軍司令官が指揮する米軍との共同作戦だということです。ということは、それ以前に日米安保条約は破棄されており、日本国内の米軍基地からはすでに駐留米軍が自衛隊制圧のために出動しているということです。韓国が日本に攻めてくるのは、アメリカが日本を見捨てたときだけです。とりあえずは考える必要のないケースです。

中国との戦争もありえないと僕は思っています。中国はアメリカにとって重要なパートナーです。両国の経済的な結びつきはきわめて深い。ですから、中国と戦争することによってアメリカが得るものは何もありません。尖閣列島のような岩礁の領土争いのためにアメリカの青年が死ぬことをアメリカ国民は誰も望んでいない。だから、日本が中国との間で、尖閣をめぐって偶発的な軍事的衝突が起きた場合でもアメリカは調停のために奔走はするでしょうけれど、日米安保条約第五条を適用して、日本とともに中国と戦うということはありません。それはアメリカの国益に何のプラスももたらさないからです。

だから、集団的自衛権というのは東アジア圏では発動される可能性がない。それが適用されるとしたら、アフガニスタンかイラクかシリアか、そのあたりの紛争地における米軍の兵站支援としてでしょう。それだったら、アメリカとしては喉から手が出るほど欲しい。そんな中東の紛争地に自衛隊が出かけて軍事作戦に従事することが日本の国益に資するはずもないことをアメリカだって知っています。でも、特定秘密保護法と同じで、アメリカとしては「アメリカの国益を増すためにならない、日本の自衛隊員を差し出しますし、日本人がテロの標的になるリスクも負います」と言われたら「いやだ」という筋の話ではない。こうして、憲法九条も「アメリカのため」という口実によって空洞化することに成功した。

属国であることを認めなければ何も始まらない

憲法というのは国のかたちの根幹を定める最高法規です。でも、それをどうするかについて日本国民には自己決定権が事実上ない。「アメリカの国益に資する」という条件をクリアーしない限り、日本は重要な国策を自己決定できない。日本はそういう国なのです。アメリカの衛星国・属国なのです。国防戦略もエネルギー戦略も食料戦略も、何一つ自己決定することができない。日本の問題はすべてその属国性から発しています。そして、最大の問題は日本政府も日本のメディアも、「日本はアメリカの属国である」という基本的事実をアナウンスしていないということです。

敗戦国が戦勝国の属国になるというのは「よくある話」です。世界史上に無数にある。そういう場合の属国民の仕事はシンプルです。なんとかして国土を回復し、国家主権を回復しようとすること、それだけです。でも、そのためには自国が属国であるということを認めるところから始めるしかない。それを認めなければ何も始まらない。病人が自分は病気であるということを認めなければ治療が始まらないのと同じです。怪我人が「ここが骨折している」「ここから出血している」ということを認めなければ手当てのしようがない。

でも、いまの日本がしているのはそういうことです。アメリカの属国であり、その制約ゆえに重大な国策を自己決定できないのであるが、その事実そのものを隠蔽して、あたかも主権国家であるかのようにふるまっている。だから、政策の意味がわからない。「アメリカの国益に資する」という条件をクリアーしなければ、何も決定できないにもかかわらず、あたかもそれが「日本の国益に資する」政策であるかのようにひとつ偽装しなければならない。逆に、日本の国益を損なうような政策であっても、「アメリカの国益に資する」という説明をホワイトハウスが受け容れれば、簡単に実現される。

その枠組みさえ理解しておけば、理解不能と思えるような日本政府のさまざまな行動も理解しやすくなる。その枠組みを見ないで、日本政府が独自の国益判断に基づいて政策判断をしているという「嘘」に基づいて報道し、分析しているから、メディアの報道するニュースは意味不明のものになるのです、ということを若い記者相手に長々と説教してきました。

あらゆる社会制度が「株式会社化」する流れ

外交的にはそういうことです。でも、社会の仕組みはそのような個別的な日米関係とはまた別の次元で日々変化しています。世界を覆うグローバル資本主義のなかで、どの国でも、あらゆる社会制度は「株式会社化」しつつある。これがもう一つ日本社会の未来を見通す場合に君たちが採用しなければならないものの見方です。

日本では立法府の機能が空洞化し、行政府に権限が集中し、事実上の独裁体制が完成しつつあります。でも、この変化を多くの国民は「むしろ歓迎すべきこと」だと思っているように見えます。なぜなら、トップへの権限と情報の集中は株式会社の仕組みそのものだからです。

株式会社は、民主主義的なものではありませんし、もちろん立憲主義的なものでもありません。経営判断を下すに当たって、従業員の過半の同意を求めるような経営者はいませんし、創業者の遺訓だの定款の文言を引き合いに出して経営判断の妥当性について議論するような会社はありません。株式会社ではCEO（最高経営責任者）に権限の情報も一元的に集中します。彼らには決定権がある代わりに経営判断に失敗した場合は責任をとらなければなりません。業績が上がらなければ簡単に解雇される。

株式会社ではトップダウンでの政策決定が基本です。こういう新製品を作ろう、このあたりに新しい店舗を出そう、こういう層をターゲットにしようなどという話は事前にどれほど長時間熟議しても、それで正解に至り着くことなどありません。市場における消費者の行動は原理的に予測不能だからです。だから、経営判断の適否はマーケットに丸投げするしかない。経営判断が正しかったか間違っていたかはマーケットがすぐに決定してくれます。売り上げや株価によって経営判断の適否はただちに決定される。経営判断の決定がどれほど独善的であろうと、非民主的であろうと、関係ない。市場が好感すれば、それは「正しい判断」であったということになる。ＣＥＯがどれほど独裁的で不快な人物であっても、株価が上がる限り会社の持ち主である株主たちは誰も文句を言いません。

だから株式会社では上位者にはそれなりの権限が与えられ、それなりの給与が支給され、彼らはそれなりの情報にアクセスできる。ランクが低い人びとは権限も情報も給与も限定されたものしか与えられない。平等も民主主義も表現の自由も株式会社にはありません。でも、誰もそんなものを求めて会社に入るわけじゃないからいいのです。

問題は、株式会社という資本主義経済活動に最適化した組織体をそれ以外のすべての社会制度にまで拡大適用しようとする「株式会社化」の流れです。

国民国家を株式会社化しようというアイデアはいまに始まった話ではありません。二〇〇〇年の大統領選に出馬したジョージ・Ｗ・ブッシュが自分が大統領になったら株式会社のＣＥＯのように国を運営したいと宣言したのが最初です。そのときに彼が自分の理想とするＣＥＯとして名前をあげたのがエンロン社のケネス・レイでした。エンロンはその後、大規模な証券詐欺によって倒産し、ケネス・レイは逮捕されました。アメリカ大統領が自らの理想として、その後粉飾決算で逮捕されることになるＣＥＯの実名を挙げたことの意味は重いと僕は思います。

人物の見識や器量はどうでもよい。金儲け（かねもう）がうまい人間こそが国家の統治者になるべきだという考えをブッシュはしており、そのような人物をアメリカの有権者が大統領に選んだということが重要なのです。二十一世紀はまさに「あらゆる社会制度の株式会社化・すべての指導者のＣＥＯ化」という流れとともに始まったのです。

大学はもはや「ファクトリー」になっている

君たちに一番関係のあることは大学の株式会社化です。いま文科省は学校教育法の改正を進めていますが、その趣旨は大学を株式会社のように改組せよということです。

学長がＣＥＯになって全権を掌握する。教授会は事実上廃止されて、学内民主主義はなくなる。どういう学部学科を作るか、どういう教育プログラムを展開するかは、株式会社のマーケティングに倣って、「マーケットが望むもの」を提供する。経営判断の適否は、翌年度の志願者数で計測する。市場に好感される教育商品を提供した大学はシェアを増やし、市場が望まない教育商品しか店頭に並べられない大学は淘汰されて消えて行く。もうひとつの指標は卒業生の就職率です。これも採用する企業を消費者と考え、送り出す卒業生を大学の提供する商品と考えれば、経済活動のロジックを適用できます。多くの企業に選ばれる卒業生を出した大学は生き残り、企業から好まれる卒業生を輩出できない大学は淘汰される。

志願者を消費者に、教育プログラムを商品に擬した「入り口のマーケット」と、採用企業を消費者に、卒業生を商品に擬した「出口のマーケット」という二種類のマーケットのつける評価によって大学を格付けし、序列化する。それが文科省主導の教育改革の目指しているところです。

ここには「何のために大学は存在するのか?」という根源的な問いかけがありません。そんな問いはナンセンスだと思っている人たちで大学もすでに埋め尽くされつつあります。「志願者を集めるために大学はあり、卒業生を就職させるために大学はある。大学はビジネスだ」そう思っている人たちが現代日本では大学を経営している。

しかし、考えればわかりますけれど、世界最古の大学であるボローニャ大学の創立は一一世紀です。株式会社というシステムが支配的な企業形態になったのは一八世紀の産業革命以降のことで、たかだか二五〇年の歴史しか持ちません。歴史的に先行していた制度を、歴史的に後から生まれた制度に則して改組するということには本質的に無理があるというふうに考える人は日本の教育行政官のなかには一人もいないようです。

高等教育機関は、別にマーケットに対応して存在してきたものではありません。考えればわかりますけれど、最初に大学を作ったときに「志願者たちのマーケット」などというものは存在しなかった。そのような教育機関に対する「社会的ニーズ」さえなかった。ただ、そういうものがなければ済まされないと考えた人たちがいて、そういう制度を手作りした。その企図を理解して、そこに集まってきた人びとがいた。そういうかたちで大学は発祥したのです。

アカデミアはその時代の支配的な価値観やイデオロギーとは独立した空間です。社会内部の特異点と言ってもよい。そこだけは、世俗の世界のちまちました損得勘定や政治的抑圧や宗教的な制約から解放された、思考の自由が担保されていた。人間たちの共同体を維持し、成熟させるためには、そのような場がなくてはならないということを直感した人たちがアカデミアを支えてきた。そこでは独特の長い、ゆったりとした時間が流れていました。知性と感性の成熟のためには、それだけの時間が必要だからです。どのようなことを学んでも、何を研究しても、「それを勉強すると年収いくらになるのか」とか「それを研究すると外部資金をどれくらい引っ張ってこれるのか」というようなせこい問いを向けられることはなかった。

いまの大学はもうそんなのどかな空間ではありません。そのような悠長なことは誰も許してくれない。外の社会と同じ価値観が大学を支配し、外の社会と同じ速度で大学内部の時間も流れ、外の社会で高く格付けされている人間が大学内部でも高く格付けされる。それが大学のあるべき姿だと政治家も官僚もメディアも、大学人自身も考えている。残念ながら、これは「ファクトリー」ではあっても、もう「アカデミア」ではありません。

グローバル人材の正体

いまの大学教育の第一の目標は株式会社の収益増大に最適化した人材の育成です。具体的には、学生たちを三つのカテゴリーに格付けし、それぞれにふさわしい教育資源を分配するシステムを作ろうとしています。

一番目はエリート。これはごく少数でよい。全体の五％以下、もっと少なくてもよい。先年、ＲＵ11、Research University 一一校というものが選定されました。旧七帝大と筑波大・東工大・早稲田・慶應、この一一校が日本における研究教育の拠点校となる。ここに限りある教育資源を集中して、国際的な競争に勝ち残るような教育研究を託す。いわば、世界市場でシェア争いに参加できるグローバル企業に当たります。ここに「選択と集中」の原理を適用して、教育資源を集める。

残りの学校はいわば中小企業です。国際競争なんかに参加できるレベルじゃない。国内市場相手の小商いをしていればいい。そういうところは自由競争に投じる。マーケットに選好された学校は残るし、されない学校は淘汰されて消えて行く。それがフェアネスというものだ、という考えです。

ＲＵ11の一一校の一学年の定員は三万人ほどでしょうから、君たちの同学齢集団約一〇〇万人のうちの三万人、三％ほどがそのカテゴリーに収まる。その中でもさらに競争と淘汰があって、一％ほどが「エリート」として残る。

残りの九七％がいわゆる「グローバル人材」です。グローバル人材とは何かについて劇作家の平田オリザさんが卓抜な表現をしていました。グローバル人材育成というのは「ユニクロのシンガポール支店の店長を創り出すための教育のことだ」と。なるほどと思いました。たしかに、それがグローバル人材教育の具体的な達成目標なのです。英語ができて、タフなビジネスの交渉ができて、一日一五時間働けて、辞令一本で翌日から海外の支店や工場に赴任できて、何よりも低賃金を苦にしないこと。

いま日本の大学はそういう人間を毎年何十万単位で創り出すことを文科省と財界から命じられています。ですから、君たちがこれから大学で就活するとき、面接試験で必ずこう聞かれます。「あなたは今日辞令が出たら、明日から海外に行けますか？」。これに即答で「イエス」と答えなければ、君たちは採用されません。

それでもいいと思っている人も中にはいるかも知れません。でも、よく考えてください。これはかなり悲惨な話ですよ。「辞令一本で明日から海外へ行っても構わない」という心の準備を君たちは大学に入ったらもう始めなければいけない。それはどういうことか。それは友人であれ恋人であれ家族であれ、あるいは地域共同体であれ、「あなたがいなくなると困る」というような人間関係を決して構築してはならないということだからです。そうですよね。「あなたがいなくなったら、とても困ります」と言う人が周りにひしめいていたら、海外になんか簡単に出られない。

でも、これっておかしくありませんか。僕は教育者として、子どもたちにはできることなら周囲の人から「あなたがいなくては生きていけない」と言われるような人になって欲しいと願っています。親族の中心であり、地域の中心であり、仲間たちのなくてはならない中心であるような人間に育って欲しい。それが教育者の願いです。グローバル人材育成教育というのは「そんな人間は要らない」ということです。家族たちの統合の要(かなめ)であり、地域共同体で祭礼の若頭をしていて、多くの友人に頼られている若者なんか、絶対にグローバル人材になれません。周りから「君がいついなくなっても僕らは困らない」と言われるような人間になるべく自己形成しなさい、そう命じているのが「グローバル人材育成」です。日本社会はそういう人材を大量に要求しています。なぜでしょう。

もちろん十分な理由があります。

「正規社員はもらいすぎ」の罠

若い労働者をその根から切り離して、スタンドアロンの賃金労働者に仕上げることは資本主義企業からすれば絶対に必要なことです。特に労働者の規格化・均質化を企業は求めます。規格化された能力を持つ若い労働者を大量に作り、それを同時期に新卒一斉採用の就活に放り込む。当然、求人に対して求職者数が上回りますから、就職は困難になる。一〇〇社受けて一〇〇社落ちるなんてことが就活では当たり前になる。そうやって何度も落とされると就活生の自己評価はどんどん下がります。

絶望的な精神状態に追い込まれると「もう、雇ってくれるところならどこでもいい」ということになる。自己評価の低い人間は、採用する側からすれば、どれほど劣悪な雇用条件でも呑む労働者になる。規格化が進めば進むほど雇用条件は引き下げられる。これも理屈は簡単です。同じような能力を持った人間がひしめくわけですから、採用する側は「君の換えなんか、いくらでもいるんだ」という態度で臨むことができる。一番能力が高くて、一番賃金の安い求職者を雇うのは採用側の「権利」だという話がいつのまにか出来上がっている。

面接では「圧迫面接」というものがあります。求職者を追い詰めて、精神的にずたずたにするような質問で責め立てる。別にそれで何か教育的な効果を狙(ねら)っているわけではありません。そういう質問で痛め付けられると就活生の自己評価が下がるからです。自分は思っていたより「使えないやつ」なんだと信じ込むようになる。全社が一斉に圧迫面接をすれば、就活生たちはどこの採用試験に行っても怯(おび)えて、採用者の顔色をおどおど窺(うかが)うようになる。これは雇用条件を引き下げるきわめて効果的な方法なのです。だから、全社がこの仕組みを採用している。

社内公用語を英語にするのも同じ理屈です。社内公用語を英語にすれば、ベトナムやフィリピンやインドネシアから、高い能力があって英語が使える求職者が集まってきます。彼らの母国の給与水準は日本よりはまだかなり低い。ですから、彼らは君たちが要求するよりも低い給与で喜んで就職しようとする。彼らと競合しようとしたら、彼らが受け容れる給与水準を君たちも受け容れなければならない。「同一労働最低賃金」というのはすでに日本の雇用ルールになって久しいものですけれど、要するに同じ仕事をしている人間たちの中では一番低い賃金が標準的な賃金であり、あとは「もらいすぎ」だという考え方です。同一の仕事を正規、派遣、バイトなど複数の採用形態に委ねるのはそのせいです。

やればわかりますけれど、誰がやっても仕事の質はそれほど変わらない。でも、正規社員は非正規の何倍もの賃金をもらっている。それを見ていると職場の人たちは正規も非正規も自発的に「正規社員はもらいすぎだ」と思うようになる。そして、いつのまにか最低賃金こそが標準的な賃金だと労働者自身が信じはじめるようになる。この悪魔的な仕組みを考えついた人もずいぶん悪知恵の働く人だと思います。

君たちはまだ就活なんて先の話だと思っているかも知れませんが、高校三年の人はあと二年もしたら、いま僕が話しているような現実とまともに向き合うことになるんですよ。

エリートとグローバル人材の下に三層目が来ます。これは低学力・低学歴集団です。この層も産業界にとってはぜひとも毎年数十万人単位で必要な人材です。そのロジックはちょっとわかりにくいかも知れません。

ここ二〇年、日本の製造業は生産拠点の海外移転を進めてきました。最初の行き先は中国でしたが、経済成長に伴って人件費コストが上がってしまいました。政情も不安定ですし、従業員のモラルに問題があり、いまでは製造業はインドネシアやマレーシアやベトナムに移動を始めています。

でも、企業も本音を言えば日本に生産拠点を戻したいと思っている。日本なら日本語が通じますし、治安はよく、従業員のモラルも高い。交通や通信のような社会的インフラの信頼性も高い。当分は内戦やクーデタやテロの恐れもない。ネックは法人税率の高さと人件費です。法人税率を引き下げ、低賃金労働者の手当てができれば、日本に帰りたい。多くの企業はそう考えています。

アベノミクス「第三の矢」に掲げられた法人税率の引き下げ、残業代ゼロ制度による非正規・低賃金労働者の大量備給はそのためのものです。これを実現するためには、基礎学力はそこそこあり、モラルも高いけれど、自己評価が非常に低い若者を大量に作り出すことが必要です。いま法律で定められた東京都の最低賃金が八八八円（二〇一七年一〇月一日から九五八円に）です。企業からすれば、これは高すぎる。時給五〇〇円、時給三〇〇円でも働くという人が欲しい。少子化でこのような低賃金労働者が足りないのなら、東アジアの貧しい国から移民を入れてもいい。そういう動きも始まっています。

現在の教育改革は君たちをこのような三層のカテゴリーに仕分けて、資本主義システムに最適化した人材を創り出すことをめざしたものです。この階層化の勢いはいまや中等教育にまで入り込んでいますから、君たちもすでにその仕分けの工程に載せられているると思っていいと思います。幸い、君たちは第三の「低学力・低学歴・低賃金労働者」というカテゴリーへ区分されるリスクはたぶんまぬかれたようですけれど、うっかりしているると君たちの多くは消費材としての「グローバル人材」育成プロセスに投げ込まれてゆくことになるでしょう。

名門大学の正門が有料駐車場の時代

資本主義市場経済の仕組みはこれからもまだしばらくは続いてゆくと思いますが、この後どうなってゆくのでしょうか。

日本には資源がなく、急激な人口減の局面に入っていますから、今後経済成長することはありえません。望みうる最良の社会の状態は定常経済です。経済成長はあり得ません。経済成長する条件がないにもかかわらずあくまで経済成長モデルにこだわるなら、最終的に人間を収奪するしかありません。すべての価値の源泉は労働価値ですから。人間たちからいかに多くの収益を絞り出すか、それが経済成長論者たちにとって緊急の課題になる。高い能力をいかに安く使うか。その安い賃金でいかに多くの商品を購入させるか。それが企業の最大の関心事となります。とりあえずそのためには君たちをつねに不安な状態に置いておくしかない。

自己評価が低いために、どれほど劣悪な条件を提示されても、死ぬほど働くしか選択肢がないと信じ込んでいる若者たち、商品購入によってしか「自分らしさ」とか「自分の個性」を実現できないと信じ込まされているせいで、不安に駆られて、わずかばかりの給与を不要不急の商品のために蕩尽(とうじん)する若者たち、そういうものを大量に創り出すためにいまの日本社会の教育システムは稼働しています。

資本主義の末期的な姿はすでにアメリカで現実のものになりつつあります。アメリカでは国富が超富裕層に集中しています。過去三〇年の経済成長分の七五%は上位一〇%

の富裕層が取りました。その上位一%が成長分の六〇%を取り込んだ。これほどの急激な所得格差の発生は経済史的に前例のないものです。

垂直的な年収の分離だけでなく、地理的にも自治体の分裂が起きています。ジョージア州フルトン郡のサンディ・スプリング市が有名な事例です。この地域には比較的年収の高い人たちが住んでいましたが、自分たちが納めている税金に対して受け取っている行政サービスが足りないという不満を持っていた。税金は再分配されて郡内の貧民たちの福祉や教育や医療のために回されるわけですから、「代価」のつもりで払った分だけの行政サービスが「商品」として還付されないことを不当だと感じる市民たちは郡からの独立を住民投票で決めてしまった。

サンディ・スプリングの市民たちは警察と消防以外はすべて民営化してしまいました。裁判所の判事も時給で雇う仕組みにしました。結果的に市民税は下がり、電話してから二分以内で警察が駆け付けるというふうに、治安もたいへん良くなりました。そして、それを伝え聞いた全米の富裕層がこの街に集まってきました。一方フルトン郡のその周辺の町ではもともといた高額納税者たちが別の自治体を作って独立してしまったわけですから、収入が激減した。図書館も閉鎖、学校の教師も減員されて、基礎的な行政サービスができない状態になった。このサンディ・スプリング市に倣って、全米でいま三十数カ所が、富裕層だけが集まって独立してつくったゲーテッド・コミュニティができているそうです。

格差というと同一空間に富裕層と貧困層が垂直方向に隔てられているというイメージを思い描きますが、アメリカでは実際には水平的・地理的にも分断されている。

これを世界が「中世化」していると表現した人がいます。城壁で囲まれた街がある。その中は安全で、人々はそれなりに幸福に過ごしているけれど、城壁の外側には荒漠たる荒野が広がっていて、そこは夜盗やら、ならず者たちが跋扈（ばっこ）している無法地帯と化している。現実にアメリカでは城壁の外には経済的な荒野が広がっているというかたちで「社会の中世化」が進んでいるようです。

同じことは、グローバル化にあわせて社会を株式会社化してきたすべての国で同時的に進行しています。日本はそのなかでは歩みがのろい方ですが、それでも確実に進行しています。

韓国は日本よりも一足早く教育のグローバル化が進みました。英語の公用語化、ソウルへの人口の集中、大学の株式会社化、格差の拡大、どれも日本より早く達成されました。

僕が訪れた釜山(プサン)大学は日本で言えば京大に当たる韓国第二の名門国立大学ですが、株式会社化して収益最優先の大学に変身したために、大学の隣の敷地はデパートに売却しました。ふつう大学の正門といえば、並木道が伸びていて、時計台があったりするのですが、釜山大学の正門は有料地下駐車場への入り口になっています。大学はまず金儲けをしなければならないという考えで、アカデミアとしての雰囲気をどう醸成するかというようなことは考えていないようでした。韓国の大学教員たちもがっくりしていました。学知が熟成してゆく、ゆったりとしたアカデミアの時間の流れの中で次世代を担う学生を育てるということはもはやできなくなった。せわしないビジネスの時間が大学内にも流れています。

それは教育現場からすると、急速な学力の低下というかたちで表われてきているそうです。グローバル化を進め、階層化圧をかけて子どもたちの間の競争を激化したにもかかわらず、なぜ学力が下がるのか。教員たちは説明がつかず苦しんでいました。

教育行政ははじめから終わりまで金の話

株式会社化が進行すると、学校教育はどんどん侵食されてゆくでしょう。君たちの人間的な成長の機会がどんどん失われてゆきます。文科省も財界も、君たちの市民的成熟など求めていないからです。金儲けのために最適化した人材になること、それがいまの教育行政が君たちに要求しているただ一つのことです。ここまで教育行政が若い世代の未来に対して冷淡になったことは、教育史上はじめてのことです。

このことのわかりやすい例が、大学は多すぎるからいらないという、二〇一二年、民主党政権の末期にあった田中眞紀子文科相による大学の設置認可の拒否の事件です。その半年前に国家戦略会議という場で、ある民間委員が大学は多すぎるからもういらないだろうと述べました。いまの大学生は専門知識もないし、教養もないし、語学もできない。あれで学士号とはおかしい、と。それを受けてのことでした。当時の野田首相も官房長官も文科相に同意して、文科省主導で大学を減らす方向に舵(かじ)を切ったのです。でも、これは明治の近代学制の制定以来はじめての出来事だったのです。明治維新以来、日本政府はどうやって日本の若者たちの就学機会を増大するか、それを最大の目標にしてきました。若者の就学機会を減らすことについて政府決定が下ったのは、歴史的転換と言う他ありません。次世代を支えるどのような日本人を創り出すのかということはもう誰も問わず、「マーケット」が何を選好するかにすべてを委ねようという話になった。

たしかに大学生の学力が下がっているのは事実です。でも、そうだからと言って、これまで四年間大学で勉強していた人びとを一八歳から働いてもらうことにすれば、大学生の平均学力は上がりますが、若い日本人の平均学力は下がります。当然ですよね。就学機会が減るわけですから。市場のニーズに合わないからという理由で、世代全体の平均的な学力を下げることに教育行政が同意した。ここにはもう「国民教育」という発想は存在しません。嘘だと思ったら、文科省のグローバル人材育成や英語ができる日本人育成プログラムとかを掲載してあるホームページをぜひ読んでみてください。そこには「市民」も「成熟」も「幸福」も「知性」も、そういう単語は一つも出て来ません。金の話だけです。経済活動の国際競争に勝利するために、どういう人材が必要かという話しか書かれていない。君たちがどういう市民に成長してゆくのか、どのようにして個人的幸福を実現するのかについて一行も書かれていない。はじめから終わりまで金の話だけです。

日本の政治家も財界人も、君たちの人間的な成熟など誰も望んでいません。彼らが興味を持つのはとりあえず経済成長、それだけです。でも、いまから一〇年以内におそらくすべての日本人が経済成長なんかありえないという冷厳な事実を受け容れるでしょう。でも、それに気づくまでは、どうやってできもしない経済成長を無理やり実現するか、つまり君たちの生み出す労働価値をいかにして収奪するかという企てのためにシステムそのものが稼働することになる。

だから、君たちのまわりで「社会は君たちにこういう人間になることを求めている」ということを言う人間がいたら、そいつの話を信じてはいけません。悪いけれど、いまの日本の指導層にいる大人たちの中に、君たちの将来の幸福なんて考えている人間はほとんどいません。もちろん善意の人はいます。でも、彼らにしても人間が幸福になるためには金が要る、金だけあればなんとかなると信じている点では、他の連中と変わりません。金があれば幸福になれるのだから、効率的な金儲けの仕方を君たちに教えてやろう。そう言って来ます。主観的には善意なんです。でも、彼らの言う通りにしていれば、ろくなことにはなりません。

じゃあ、どうすればいいのか。申し訳ないけれど、最初に申し上げた通り、あとは自分で考えてくれ、ということです。

船が難破するときや、戦場で前線が崩壊するとき、フランス語では「Sauve qui peut」と言います。「逃げられるものは逃げよ」という意味です。もう指揮系統はなくなった、あとは自分の才覚で何とか生き延びてくれ。そういう意味です。こうすれば生き延びられるという「正解」を誰も提示できない状況に投じられたということです。

こうすればうまくゆくというのは、これまでの成功例を今回も適用すればうまくゆくのではないかという帰納的推理のことですが、社会の変化がここまで劇的になってくると過去の成功事例が適用できません。そういうときにはどうすればいいのでしょうか。

君たちには自分の直感で選んでいただきたい。直感のほうが経験則よりもはるかに信じられるからです。君たちは若い。だから「なんとしても生き延びたい」というプリミティブな力が身体の中で活発に生きています。どっちに行けばいいかということはわからなくても、こっちに行ったらまずいということはわかるはずです。自分の生命力を損なうようなものが接近してくれば、それくらいのことはわかるはずです。原生動物でさえ、自分を餌にするために近寄ってくるものと、自分が餌にできるものが区別できるんですから、人間にわからないはずはありません。

生きる力は出会いでしか高まらない

タイトルに掲げた「生きる力」とはそのことです。それは自分がいま持っている能力のことではありません。いま持っている自分の能力を高める方向がわかる力のことです。生きる力と知恵は、端的に言うと、出会いでしか高まりません。

生きる力＝生命の力が強い人は、不思議なことですが、出会うべき人に出会うべきときに出会います。これは僕の合気道の師匠である多田宏先生の教えですが、本当に生きる力が強い人は、会うべき人に出会うべきときに必ず出会う。あることを知りたいと強く願っているときに、まさにその知識を持っている人に出会う。ある場所に行きたいなと強く思っているときに、ちょうどその場所に用事があって行く人に出会って、一緒に行くことになる。そういうふうに、縁、他者の支援を自分のまわりに惹きつける力が生命力です。

僕は武道家ですが、武道の極意とは一言で言えば「いるべきときに、いるべきところにいて、なすべきことをなす」というのに尽きます。けれども、その「いるべきところ」「なすべきこと」とは何か、事前にはわかりません。そのなすべきことをなし終えた後に、事後的にあれは「なすべきこと」だったのだということが了解される。

生きる力はかたちのある、数値的に計測できる力ではありません。出会うべき人に、本当に必要な出会うべきときに出会う。聞くべきときに聞くべき言葉を聞き、知るべきときにそれを知っている人に出会う。そういう力のことです。

この力は非常に評価しづらいものです。どうやって鍛えたらよいか、開発したらよいか、そのノウハウもほとんど知られてはいません。生きる力、幸運を引き寄せる力は自分で開発するしかないのです。

松下幸之助は優れた経営者の条件として、第一に愛嬌がある、第二に運が良さそうに見える、第三に後ろ姿と言っています。その二番目の、「運が良さそうに見える人間」であるというのがおそらくは生きる力の一つの特徴だろうと思います。実際に運が良いかどうかは別にして、そういう風に見えれば良いんです。まわりから「君は運がいいね」と言われる人であること、それは生きる力が強まっていることの指標とみなしてよいと思います。

先の見えない状況を生き延びて、幸福になれる人間とは、要するに「ラッキーな人間」です。世の中にはラッキーなことがあって、ラッキーな人がいる。そのことを信じることができれば、そういう人間になれます。そんな人間いやしない、全員の運不運は均等に配分されていると思っている人はそう思ってくださって結構です。でも、「ああ俺って本当に運が良かったな」と後になって回顧できるような人間になってください。

これから困難な時代を生きる諸君の、ますますの健闘を祈っております。

（この授業は二〇一四年六月一一日に行われた）

◎若い人たちへの読書案内

若い時の読書は「濫読」が基本です。「濫読」と口で言うのは簡単ですけれど、これはいわば「乱数表」を自作するようなもので、実はけっこう難しい。自分ひとりで選書していたのではどうしても「体系的」な読書になってしまいます。ですから、「非体系的に」本を読むためには、他人の選書に耳を傾けてみること（こういう文章を読むこと）がけっこうたいせつなんです。「これ面白いよ」と薦められたら、あまり考えずに「はい」と答えた方がいいです、若い時は。ある分野について体系的かつ網羅的に読むということはもっと年を取って、専門分野が決まってからで構いません。若い時はとにかくできる限りランダムに本を手に取った方がいい。

『共産党宣言』（カール・マルクス、フリードリッヒ・エンゲルス）を読んで、次に**『ロング・グッドバイ』（レイモンド・チャンドラー）**の次に**『甲賀忍法帖』（山田風太郎）**を読んで、次に**『サハリン島』（アントン・チェーホフ）**を読むというようなのが「いい感じの選書」だと僕は思います。

いま、たまたま四冊ランダムに選んだつもりでしたけれど、やっぱり共通点がありますね。それはどれも「風雪に耐えて読み続けられた古典」ということです。ジャンルは何でもいいですから、濫読の対象としてはできれば「歴史の淘汰圧に耐えて生き残った本」を選んで欲しいと思います。

風雪に耐えて生き残った本には共通点があります。それは人間についての深く、そして温かいまなざしを含んでいるという点です。「深い」のは当然ですけれど、意外かも知れませんが、「人間に対して温かい」ということもそれと同じくらいに風雪に耐えて生き残るためには重要な条件なのです。

「温かいまなざし」というのは、言い換えると、「まあ、いろいろあるけれど、それぞれやむにやまれぬ事情があって、そうなってるんだろうから、しかたないね」と人のありかたについての寛容さのことです。でも、そういう温かい気持ちを読者にも感じてもらうためには書き手にかなりの技量が要ります。

すぐれた書き手はふつうなら「変な人」「何考えてるかわかんない人」「だから、どうでもいい人」と見なされ、無視されたり、排除されたりしがちな人たちの、思いがけなく奥行きのある、豊かな相貌を描き出します。これはほんとうです。あまり印象的でなかった点景的な人物が、読み進むにつれて、しだいに表情豊かで、魅力的な人に見えてくるような展開になる作品はだいたい傑作であると申し上げてよろしいかと思います。

そういうことが起きるのは、作品の中でほんとうに時間が流れているからです。「深み」とか「奥行」とか「温かさ」というのは実は時間的な現象なんです。読者が読み進むのといっしょに本の中でも時間が流れているから、そういう経時的な変化が生起する。本を夢中で読んでいる時、よく「時を忘れて」と言いますけれど、あれは正確に言うと、現実の時間とは違う、本の中で進行する時間に巻き込まれているのです。ぜひ、そういう「時間の流れている」本に出会ってください。幸運を祈ります。

おカネとコトバと人間社会

岩井克人

いわい・かつひと

一九四七年東京都生まれ。六九年東京大学経済学部卒業。七二年マサチューセッツ工科大学大学院修了。イェール大学経済学部助教授、プリンストン大学客員準教授、ペンシルバニア大学客員教授、東京大学教授などを歴任。二〇〇七年紫綬褒章。国際基督教大学客員教授、東京大学名誉教授。著書に『会社はだれのものか』『二十一世紀の資本主義論』など多数。

経済学は「おカネの儲け方」を考える学問ではない

私の専門は経済学です。経済学と聞いても、ピンとこない人も多いでしょう。私も中学時代には全然わかりませんでした。高校時代に文学をやろうか理科をやろうかと悩んだときにもまだピンとこなかった。経済学とは、おカネを儲けるための科学だと思っていたくらいです。

ところが経済学は、残念ながらおカネを儲けるための学問ではありません。おカネを儲けるために経済学をやろうとすると、大きく失望しますよ。経済学というのは、「おカネとは何か」を考える学問だと考えていただければいいでしょう。おカネによってどういうふうに社会がつくられているのか、その社会はどんな問題を抱え、それを解決するにはどうしたらよいかを考える学問なんです。

経済学は、人間がつくる社会について考える人文社会科学の一分野です。では、社会をつくっている人間とはどういう存在でしょうか。皆さんご存知のように、人間は動物です。それも、他人と一緒に暮らす社会的動物です。アリストテレスという哲学者が述べたように、人間は他の人間と一緒でなければ生きていくことができません。ミツバチもアリもチンパンジーもライオンも同じように社会的動物ですが、その中で人間が特別なのは、コトバを話すという点にありそうです。

私たちは、コトバを使って社会をつくっている。そのような社会をどうやってよくしていくことができるかを考えるのが、人文社会科学という学問です。人文社会科学全体の出発点はコトバで、そのなかの経済学の出発点はおカネ。今日のお話では、コトバとは何か、おカネとは何かということを解き明かしていきたいと思っています。

私は高校時代に将来経済学をやろうと思ったころから、おカネとは何か、コトバとは何かをずっと考えてきました。学者になってからはそれが商売ですから、「おカネとは何か、コトバとは何か」といつも考えてきた。考えることにあんまり夢中になったために、道で石につまずいて転んでしまったことがあるくらいです。

この世界には物理法則で説明できない「社会的実体」がある

私がつまずいた石。それから、石につまずいてもんどりうつ私の体。そして私が叩き

●つまずいた石　　　　物理法則、自然法則に従う物理的実体
●私の体　　　　　⇨　　　　↓
●叩きつけられた地面　自然科学、物理科学

●血液　　　　　　　　遺伝情報でつくられる生物的実体
●痛み　　　　　　⇨　　　　↓
●ニューロン活動　　　生物学、生命科学

図1

つけられた地面。これら「石」「体」「地面」は物理的法則に則る物理的実体であり、単純に物質と呼ばれます。その物質が従う自然法則や物理法則を研究する学問が、自然科学や物理科学です。

　地面に叩きつけられた私はおでこから血を流し、「あっ、いたた」と痛みを感じる。痛みを脳に伝達するのはニューロンという神経細胞、すなわち生命物質です。ＤＮＡの遺伝情報によってつくられるこの生命物質を専門的に研究する分野は、生物学や生命科学（図1）。iＰＳ細胞に代表されるように、この分野では最近どんどん新しい発見がなされています。

さて、おカネとコトバについて考えながら歩いていて、道端に紙切れが落ちていたら皆さんはどうするでしょうか。単なる紙切れだったら無視するでしょう。ところがこの紙切れに、福沢諭吉(ゆきち)さんの顔があったとする。つまり一万円札です。私ならいくら考えごとに夢中になっていても、ハッと立ち止まってしゃがみ込むに違いありません。私があまりいい人間でなかったら、警察に届けないでポケットに入れようとするでしょう。

そのとき風が吹いて一万円札が飛ばされ、他人の家の庭に落ちたとします。庭には低い柵があり、「立入禁止」という札も立っている。私は一瞬立ち止まりますが、一万円にひかれて柵の中に入るかもしれません。するとその家の人が、私が侵入したのを見て「ドロボー」と叫ぶ。私は一万円を取り損なって、庭からあわてて逃げ出すでしょう。

——この話は、我々が生きている世界に、石とか地面といった物質や血とかニューロンといった生命物質とは違った種類のなんらかの実体があることを示しています。なかなかいい名前がないのですが、これを「社会的実体」と呼ぶことにしましょう(図2)。おカネやコトバが、まさにこの社会的実体なんです。

図2

宇宙人にはおカネの価値がわからない

もしも宇宙人が私を観察していたとしたら、おカネの前で急に立ち止まったのを見て、私の目の前に石のような大きなモノが置かれていると解釈するかもしれません。私はおカネの前で立ち止まったのですが、たまたま宇宙人には紙幣が見えず、人間だけに見える大きな石の前で歩みを止めたのではないかと思う。また、私が「ドロボー」といわれて庭から逃げ出したのを見て、宇宙人は彼らの目には見えないけれど、砲丸のようなものが飛んできたから私が逃げたと思うかもしれません。

なぜ私がこんな話をするのかというと、おカネというのはつくづく不思議なものだと思うからです。それは物理的には、風が吹いたらふぅーと飛んでいくような軽い紙切れにすぎません。でもそれが一万円札だと、一万円の価値があるために私の歩みを止めさせる働きをする。このようにおカネは、人の行動に大きな影響を与えるんです。

同じように、コトバというものも不思議です。「ドロボー」という声は、物理的には単なる空気の振動です。ところがそれがコトバとして発せられるとドロボーの意味を持ち、その意味を知っている私を逃げさせる。「立入禁止」という文字も、物理的にはただのインクのシミです。ところがそれが書きコトバとして使われると、私を柵の前に立ち止まらせることができる。「愛してる」と手紙に書いてあったら、ドキッとしたりニコッとしたりするでしょう。手紙の文字はインクのシミにすぎないのに、人の心を大きく動かすのです。

空気の振動や紙のシミが人間の行動に作用するという事実は、物理法則では説明がつきません。物理学の長い長い連鎖反応を使うと説明できるかもしれませんが、直接的にはできない。これは本当に不思議なことです。生物学や生命科学でもきちんと説明することはできません。それはなぜかというと、どの紙にどういう印刷がされていれば一万円の価値を持つおカネになるかといった情報は、人の遺伝子に組み込まれていないからです。ドロボーというコトバがドロボーの意味を持つという情報も、生まれたばかりの人間の脳には入っていません。

人間には他人と協力しようとする本能がある

文字も人間の遺伝子には組み込まれていない。識字障害という文字を認識しづらい障害があって、子どもの頃のアインシュタインや、レオナルド・ダ・ヴィンチなど、高名な天才の多くがそうだったといわれています。そういう人たちは、文字をうまく認識できないという障害を持ちながらも、知性はものすごく発達していました。

人類が文字を使うようになったのは六〇〇〇〜七〇〇〇年ほど前です。ところが人間の脳は二〇万年くらい前からある。つまり人間は長い間、文字など持たなくても動物として生きてこられたということです。人が文字を認識するときには、右脳と左脳がバランスよく使われます。脳には絵を見る部分と、言葉を理解する部分があって、それがうまく重ならないと文字が識別できないのです。アインシュタインは数式や絵でいろいろなことを考えたといいます。

重要なのは、おカネやコトバというのは、人間が赤ん坊として生まれたときにはすべて脳の外にあるということです。それらの情報は親や家族から受け取る。おカネやコトバ、もっと広くいえば法律や社会的な制度は、遺伝子とは別に、親の世代から子の世代へ、人から人へと受け渡されていくのです。

生物学的な情報である遺伝子は人の体の中にありますが、おカネやコトバに関する情報は、いわば「人と人の間」に存在しています。このことは、物理的な法則や科学的法則、脳科学ではけっして説明ができません。

最近の脳の研究では、人間が社会脳を持っていることが明らかにされつつあります。人の脳には、私たちが社会でうまく生きられるようにする働きがあって、他人が不公平なことをするとその人を罰するような本能を持っているといいます。こうした社会脳研究は、非常におもしろい研究分野だと思います。

チンパンジーなども社会的だといわれますが、彼らは基本的には利己的で、自分のこと、自分の利益しか考えない。ところが人間には、生まれつき他人と協力しようとする社会脳がある。それを実証した実験もあり、赤ん坊が楽しく遊んでいるときに実験者がドアを開けようとして両手がふさがっていると、遊びをやめてドアを開けてあげようとするといいます。つまり人間は、生まれつき他人と協力する気持ちを持っているのです。でもそれだけではおカネやコトバをうまく説明することはできません。

おカネはどんな原理で動いているのか

説明のつかない不思議なものに対し、それがどういう原理で動いているのかを知ろうとするのが、経済学も含む科学というものです。私はどうして単なる紙切れである一万円札を持っていると、ニコニコするのでしょう。皆さんだって、一万円の小遣いをもらえればうれしくなりますよね。

私たちは紙を食べるヤギではないので、モノとしての一万円札があるからうれしいのではありません。一万円札には「日本銀行券」と書かれています。「日本銀行という公共機関が発行しているから価値がある」「法律で一万円の価値があると決められているから価値を持つ」と考えている人が多いでしょう。経済学者にもそういう人がいます。

日本初の貨幣である「和同開珎」という銅貨は、七〇八年につくられました。これは中国の貨幣にならって発行されたもの。当時の日本政府は和同開珎を流通させようとしたのですが、実際には全然使われなかった。どうして使われなかったのかはよくわかりません。和同開珎の多くは神社仏閣の遺跡の柱の下の部分から発掘されている。当時の人にとって銅は貴重でしたし、貨幣には難しい字が書かれていたので、もっぱらおまじないとして使ったのではないかと思われます。

奈良や平安時代の政府はおカネを発行しては人々に「使え、使え」といいましたが、ちっとも使われないので一二回やってあきらめました。ところがそのうち日本の経済は発達して、日本海を中心にして中国や朝鮮半島と活発に貿易をするようになる。すると、日本で商売をする人が、中国のおカネを使いだしたんです。中国の王朝は唐、宋、明と変わりましたが、日本では唐の時代に発行されたおカネが宋や明の時代になっても使われていた。滅びた王朝が発行したおカネですから、中国に持っていって価値を保証してもらうことはできません。それでも当時の日本人はそれを使っていた。このようにおカネの流通は、政府の思いどおりには制御できないのです。

おカネやコトバの本質とは

私たちがどうして一万円を持つとうれしいのかといえば、他人が一万円として受け取ってくれるからです。この「誰かが受け取ってくれる」というところがポイントです。これは物理法則ではありません。多くの人が「価値がある」と思っていることに意味がある。——社会科学の出発点は、ここにあります。

人々の思い込み、心理、期待によって、一枚の紙切れが一万円の価値を持つ。すべての人が一万円の価値があると思うから、一万円分の価値が生じる。この論法を「自己循環論」といいます。

おカネの価値に、物理的根拠はない。「皆がおカネだと思って使うから皆がおカネとして使う」という自己循環論が、おカネに価値を与えている。紙幣だけではなく、硬貨や金銀も同じです。昔の金銀は宝としてではなく、おカネとして他人が受け取ってくれるから、おカネとしての価値を持っていた。そうでなければ人に渡さずに自分で持ち、装飾品として使うでしょう。金銀がおカネとして使われるということは、装飾品としてのもの以上の価値があったということです。

同じことはコトバについてもいえます。コトバは単なる空気の振動。「ドロボー」といってもすべての人間が「ドロボー」という意味にとるのではなく、アメリカで叫んでも誰も振り向いてくれません。日本語を理解する人にしか通用しないわけです。

インクのシミである文字、書きコトバも同じです。「立入禁止」と書かれた看板を見た人は、そこに入ろうとしない。「立入禁止」の意味を持つとみんなが思っているから、通用するんです。

このように、おカネもコトバも自己循環論法の産物です。誰もがそう思っているから価値や意味を持つという、不思議な存在。だから、物理的性質としても遺伝子的性質としても説明がつかない、みんながそう思っているというプロセスで価値を帯びた、意味を持ったということです。さあ、これでおカネやコトバの本質が、かなり解明されてきました。

おカネやコトバが存在する以前のコミュニティ

次の問題は、おカネはどういう働きをしているのか、コトバはどういう働きをしているのかということです。アメリカで二〇〇七年にサブプライムローン問題、二〇〇八年にリーマン・ショックという経済的な危機が起きて、世界中に深刻な影響を与えました。もうおカネなんて捨てちゃえばいいじゃないかとなりましたが、実際にはそうはなっていません。

人間、ホモサピエンスが誕生したのは二〇万年前で、コトバは五万年前から一〇万年前に出現したといわれています。人間が今のようにコトバをきちんとしゃべれるようになるまでには、途中の段階のコトバがあったかもしれません。アメリカのチョムスキーという哲学者・言語学者は、コトバは五万年前頃に突然バンッと現れたといっていますが、コトバが突如現れたのか、連続的に段々とコトバになってきたのかについては大きな論争になっています。

私は、昔はコトバがボコッと出たという立場でしたが、いろいろな研究成果を見てきた結果、今は徐々に生まれてきたという見方のほうが正しいかなと思っています。コトバの出現が五万年前として、文字や法律、社会的制度などが生まれたのは六〇〇〇〜七〇〇〇年前。現在のイラクやトルコ周辺に栄えたメソポタミア文明がその最初で、エジプト文明などはそれよりちょっと遅れています。おカネが世界で初めて流通したのはギリシャで、古代ギリシャを発達させる原動力となりました。

それでは、おカネやコトバが存在する前の社会はどういうものだったのか。そういう社会では、人間は共同体に属していました。コミュニティといわれるものです。古代社会の一つの共同体には、一〇〇人くらいしかいなかった。そしてコトバのない時代の共同体では、表情や身振り、叫び声などで意思が伝えられた。伝統的社会における交換は贈り物とその返礼という形で行われていました。贈り物をされた人は相手に義理を感じ、贈り物を返しますが、今度は返礼された人がその相手に義理を感じて、さらに贈り物をし、それを受けた人がさらに返礼しという果てしない贈り物と返礼のくり返しによって、モノが交換されていたのです。

日本に「お歳暮」や「お中元」の習慣があるのも、そのような古い時代の伝統の名残りです。私の両親や祖父母にとって「お歳暮」「お中元」はとても重要なことで、贈られたら必ず贈り返さなければならないと、そのことで頭がいっぱいでした。

顔の表情や、身振り手振りで意思表示するには、お互いに顔を知っていないといけない。未知の人とはベーシックなことは通じても、込み入ったことになると通じません。モノを贈ってくれた人に返礼するには、贈ってくれた人を覚えていなければなりません。だからおカネができる前の社会は、お互いの顔を知らないと成り立たない。せいぜい一五〇人くらいまでの規模が限度だったでしょう。

そのような共同体は、互いに依存し合う美しい社会ともいえますが、同時に不自由でもあります。お互いが常に監視し合い、掟（おきて）に外れると村八分にあう。そういう社会は内と外がはっきりしています。仲間同士は仲がよくても、外の人とは敵対する。内は味方で、外は敵。節分の豆まきで「福は内、鬼は外」というのは正にそのことです。

おカネやコトバは人を自由にするが、幸せにはしてくれない

コトバさえ共有していれば、知らない人とでも自由にコミュニケーションが図れます。

文字だったらもっと便利で、私が中国へ行ったとすれば、漢字を使った筆談がある程度成立する。

文字によるコミュニケーションが行われるインターネットでは、見知らぬ人とどんどん交流できます。ネットの世界には危険な側面も大きいのですが、意思疎通の範囲は大きく広げられる。おカネも同じで、流通していれば、見知らぬ人と交換ができる。昔、内と外があった時代は、外の人とは物々交換をしませんでした。また、身分が違う相手とも交易しなかった。古代ギリシャには奴隷がいましたが、普通の人は奴隷とは交換をしませんでした。

でも、おカネさえ持っていれば奴隷でも交換できた。ギリシャの一番有名な奴隷はイソップ。彼は物語を書いて稼いだおカネで自由になることができました。法律がしっかりしていれば、土地を取引することもできます。法律がないと、相手の腕力が強そうだから交渉をやめようと思ったり、権力のある人に土地を取られたりしてしまう。

おカネやコトバ、それから法律などによって、人間は同じ人間になる。生命科学的な意味ではなく、抽象的な意味で人間はお互いに平等な関係を持てるのです。おカネやコトバをつなぎ役として、人間は「世界の物理的構造」、「生物としての遺伝的本能」から、ある意味において自由な存在になることができました。そして生物学的な意味ではなく、普遍的人間の本性をつくったのです。

では、人間は誰でも等しくハッピーになれるのかというと、残念ながらそうではありません。おカネとコトバ、法律は人間に自由を与えますが、同時にさまざまな問題ももたらします。人間が「世界の物理的構造」「生物としての遺伝的本能」から自由であるということは、不安定な状態に置かれるということでもあるのです。

一万円札には、皆がそう思っているから一万円の価値がある。ところがみんなが疑いを持ち始めたら、日本政府は大丈夫かとなる。みんなが「価値がある」と思わないと、価値は失われてしまう。コトバも同じです。多くの人がコトバの意味を疑い出すと、コトバの意味が消えていく。皆さんが日本語を大事にしないと日本語はやがて消え、英語にとって代わられる可能性があるわけです。つまり、おカネとコトバを使う社会というのは非常に不安定で、社会がグローバル化すればするほど不安定さは増します。そういう問題が実際に今、世界中で起きているのです。

経済学や人文科学の目標とは何か

サブプライムローン問題やリーマン・ショックが起きた直後は、世界全体が恐慌状態に陥りました。おカネはモノを手に入れる手段にすぎませんが、社会があまりに不安定になると、人はおカネを使わずに貯めたがります。「おカネさえ持っていれば安心」となり、企業も生産のために使わないで貯めるようになる。モノを手に入れるための道具であるおカネを貯め込むというのは、守銭奴です。みんながおカネを貯め始めると、消費が低迷してモノが売れなくなる。そうすると不況になり、不況が極端に進むと恐慌になってしまいます。

逆におカネに信用がなくなると、使おうとしても相手が受け取らなくなる。おカネを受け取ってもらえなくなるかもしれないと不安だから、受け取ったらすぐに使おうとする。この結果起きるのがハイパーインフレーションで、極端な場合にはおカネがまったく流通しなくなってしまいます。ドイツでは第一次世界大戦後に非常に深刻なハイパーインフレーションが起きました。ニンジンを一本買うために、大きなトランクにいっぱいのおカネが必要になったほどです。このときの社会不安が、ナチズムを生み出したといわれているのです。これは伝統的社会ではあり得ないことです。

コトバはどうでしょうか。そのナチズムの時代、ドイツの人々はヒットラーのコトバに熱狂しました。コトバの意味するところにではなく、コトバ自体に、です。ヒットラーのコトバを聞くと、「ユダヤ人を消せ」とか、本当にひどいことばかりいっている。でもそんな内容とは関係なく、人々はヒットラーのコトバそのものに心酔してしまいました。

日本でも戦時中に同じようなことがありました。コトバはモノを表現する手段でしかないのに、国民がコトバに興奮してしまう。ファシズムというのは、コトバによって生じるものなんです。その逆がポピュリズム。みんなが空疎な気持ちになって、コトバを信じない。その結果コトバが意味を失うのがポピュリズムで、日本や世界は今そういう状態に陥りつつあります。

社会を安定させるためにはおカネをなくせばいいのかもしれませんが、そうなると人間の自由が奪われてしまうことは、社会主義の経験から明らかになりました。コトバやおカネは人々に自由を与える一方で、さまざまな危機も招く。重要なのは、私たちがバランスをとるにはどうすればよいかを考え続けることです。危機を避けるためになんとかコントロールする方法を考えることが、経済学や人文科学の目標だともいえるでしょう。

残念ながらおカネは儲からないけれど、社会の役に少しは立つかもしれないと思うから、私は経済学をやっている。皆さんの中から人文社会科学の分野に進まれる方がいらっしゃるかどうかはわかりませんが、今日お話ししたように、人文社会科学とは不思議なことを扱うおもしろい学問だということだけは、ぜひ知っておいていただきたいと思います。

（この授業は二〇一三年六月一五日に行われた）

◎若い人たちへの読書案内

私は、小学校と中学校の途中までは理科少年で、科学に関する書物ばかり読んでいた。中学生になって科学小説（ＳＦ）を読み始め、高校時代はＳＦに限らず文学作品を読み、ようやく文学少年になった。

高校三年になって、科学に進むか文学を志すかで悩み、経済学という学問を選んだ。良く言えば、小説が扱っている人間社会を科学的に考察する学問として選んだということになるが、実際は、文学と科学とを足して二で割った学問かもしれないと当て推量したにすぎない。

科学少年であった小学校・中学校時代に繰りかえし読んだのが、**ジョージ・ガモフ**の『**1、2、3…無限大**』（**白揚社**）である。宇宙のビッグバン理論の提唱者として知られるガモフが、無限に関する数学から相対性理論や量子力学、さらには情報理論や生命科学など科学のあらゆる分野について語っている。

最初の出版から七〇年以上もたっているので、多元宇宙論の解説もｉＰＳ細胞の説明もないが、今読み返してみても圧倒的に面白い。それは、科学を面白いと思っている科学者が、科学の面白さを、若い読者に向けて本当に面白く語っているからである。科学は進歩するが、科学を面白いと思う人間精神のあり方は変わることがない。

科学を面白いと思う人間精神が変わらないのであれば、文学を面白いと思う人間精神はさらに変わらない。なぜならば、文学によって描かれる人間の心のあり方にかんしては、太古から現在まで、はたして進歩といえるものがあったかどうか疑問だからである。とりわけ、近代に入ってからは、言語や制度や風土などによる多様性はあっても、私たちは遠い国の小説も一〇〇年以上前の小説も同じように楽しめる。

たとえば**夏目漱石**(そうせき)の**『坊っちゃん』（新潮文庫）**は、一九〇六年に発表された小説だが、いま読んでも痛快である。現代では使わない言葉がいくつも出てくるが、そのような言葉は無視して読んでも、痛快さは失われない。

そして、ひとつ面白い文学作品を読むと、さらにもっと読みたくなるはずである。ここで『坊っちゃん』を挙げたのは、まだ読んでいない人にぜひ読んで欲しいと思うからだけでなく、この小説をきっかけとして多くの文学作品を読むようになって欲しいと思うからである。すでに読んだことのある人には、その面白さをもういちど思い出して、さらに多くの文学作品を読んで欲しいと思っているからである。

三冊目は、私の専門の経済学から選ぶべきなのだが、中高生の興味を引きそうな本がないので、近隣分野である歴史学から**網野善彦**(あみのよしひこ)**『日本の歴史をよみなおす（全）』（ちくま学芸文庫）**を選んだ。網野善彦氏は資料を丹念に読み解く作業を通じて、日本の中世の歴史像を大きく変えた歴史学者である。

さきほど人間の心のあり方にかんしては、太古から現在まで進歩があったか疑問だと述べた。実際、人間の頭の良し悪しは三〇万年前からほとんど変わっていない。ただ、人間社会のあり方は、歴史の中で何回か大きく転換したことがある。その「大転換期」のひとつが「中世」である。

中世とは古代と近代との中間の時期のことを意味し、西欧では六世紀から一六世紀の間、日本では一二世紀末から一六世紀末の間を指す。そして、中世における大転換は、人間と人間が贈り物をし合うことによって固く結ばれていた共同体から、人間と人間とが貨幣を媒介とした交換によって自由に関係することができる資本主義的な社会に移行したことによってもたらされたのである。網野氏の本はこの大転換期において日本社会がどう混乱し、人々のものの考え方がどう変化していったかを見事に描いている。私の講義を読んだ後にぜひ読んで欲しい本である。

つながることと認められること

斎藤環

さいとう・たまき
一九六一年岩手県生まれ。筑波大学医学医療系社会精神保健学教授。精神科医、批評家。専門は思春期・青年期の精神病理学および病跡学。著書に『承認をめぐる病』『生き延びるためのラカン』『ヤンキー化する日本』『「ひきこもり」救出マニュアル』『ひきこもり文化論』など。

私は精神科医として「不登校」や「引きこもり」を四半世紀ほど扱ってきました。いわば「引きこもり」のエキスパートです。「引きこもり」という言葉をみなさんは知っているでしょうし、「不登校」のほうはもっと身近な問題かもしれません。じつはこの二つは連続していて、思春期などに「不登校」がこじれて「引きこもり」になるパターンがたいへん多いのです。

この講演のタイトルは「つながることと認められること」としていますが、これは「コミュニケーション」と「承認」の問題と言い換えられます。「承認」とは「認められること」「愛されること」など、人から肯定的な評価を下されることを意味しています。みなさんが自覚されているかどうかわかりませんが、いま若い人たちの問題を扱うときに、この「コミュニケーション」と「承認」という二つのテーマは避けて通れません。一種の死活問題なのです。

コミュ力があると幸せになれるの？

「コミュ力」という言葉をみなさんも聞きますね。コミュニケーション能力、コミュニケーションスキルのことです。近年日本ではこの言葉が略されて「コミュ力」と言われるようになり、企業が学生を採用するときも学歴と同程度に「コミュ力」を評価するという風潮があります。これ、じつはとても困ったことだと思います。「コミュ力」にはバリエーションがあって、「コミュ障」「非コミュ」などの派生語があります。この「コミュ力」はその人がどのように他者から評価されるかという問題に深く関わっていいます。思春期や青年期は人とつながっていたい時期と言われますが、現代は私がみなさんと同じ年齢くらいの頃よりも、つながることへの価値がはるかに高くなっている。なぜこれほどまでに「コミュニケーション」が尊重されすぎる社会になったのでしょうか。

大きな転換期は一九九五年、インターネット元年です。同時期に携帯電話が普及しはじめ、家庭用パソコン・インターネット・携帯電話というコミュニケーションのインフラが整備されはじめる。これ以降、思春期・青年期のコミュニケーションのありようが劇的に変化しました。二〇〇〇年代に入ると、メールや電話だけでなくSNSと呼ばれるｍｉｘｉやＬＩＮＥ、Twitter、Facebookなど多様なサービスが始まり、さまざまなレイヤーで若者がつながりあえる社会になり、コミュニケーションが流動化しました。するとコミュニケーションの格差が生じます。コミュニケーションが流動化すると平等にその恩恵に与ることができると思いがちですが、じつは逆なんです。コミュニケーションが苦手でSNSから遠ざかったり、メールもしない人もいれば、いっぽうで四六時中人とつながっていないと安心できない人もいる。後者はつながってさえいればそこそこハッピーな人なのかもしれません。

社会学者の古市憲寿さんが『絶望の国の幸福な若者たち』という本のなかで面白い指摘をしています。彼は「いまの若者は過去四〇年間でもっとも幸福な若者である」と書いています。いまの若い人たちは就職難で、ワーキングプアやニートなど弱い立場に置かれているために、非常につらい思いをしているとわれわれ大人は考えていたのですが、統計的には最も「幸せ」だというのです。

これは興味深い現象です。その理由のひとつが先ほどのコミュニケーションのインフラだと私は思います。人間は、美味しいものを食べたり、読書や映画や音楽などの趣味が乏しくても、とりあえず人とつながってさえいればそこそこ幸せになれる生き物なのです。これは希望でもあります。いまはかつてないほどコミュニケーションインフラに恵まれた時代ですから、コミュ力の高い人のほうがハッピーなのは必然でしょう。このコミュニケーションインフラを使いこなせることは、仕事にもつながってゆきます。そうした背景があって、コミュ力が異常なまでに評価される状況になっているわけです。

話は変わりますが、コミュ力至上主義の副作用として、日本では「発達障害」や「アスペルガー症候群」という言葉が流行しました。発達障害は脳の病気だと言われているので、疾患じたいは全世界共通のはずです。ところが、これらの言葉がブームになったのは世界中を見ても日本だけです。コミュニケーションを取ることが不得手である人、空気が読めない人、挙動不審な人のことをまとめて「偏った人」として「アスペ」とレッテルを貼(は)るような困った状況が生じています。

じつは、人口に比して患者が少なすぎるために、すでにアメリカではアスペルガー症候群という病名は撤廃されているのですが、日本では学齢期の子どものうち、クラスの約四%はアスペルガー症候群だと診断される統計があります。これはあきらかに過剰診断です。コミュ力至上主義の下ではコミュニケーションが苦手な人が目立ちやすいし、一旦診断されてしまうと苦手意識が植え込まれてますます人前で緊張しやすくなったり、挙動不審になったりという悪循環になる。日本では、そうやって作られた精神病が多くあるのが事実です。

コミュ力のモデルはお笑い芸人

日本では昔から、大事なことを決めるのは「人」ではなく「空気」だと言われます。誰が見ても合理的ではないことが「その場の空気がそうだったから仕方がない」と決定される。有名な例だと第二次大戦の戦艦大和がそうです。あきらかに無謀な作戦で出撃したのは「会議の空気」がそうさせたからだと山本七平（しちへい）さんが『「空気」の研究』という本の中で論じています。たいへん情けない話ですね。この〝空気の支配〟はおそらくみなさんのクラスや職場のなかにまだ残っています。誰かが主体的に決定するのでなく、その場の流れや勢いで決めてしまうことがありませんか？　ときにはこの空気の支配が良い方向に行くときもありますが、基本的には好ましいことではありません。誰もその決断に責任が取れないからです。お神輿（みこし）をイメージするとわかりやすい。誰がお神輿を担いでいるかわからなくても、あるいは一人ぐらいは神輿にぶらさがっていても、神輿じたいは進んでいきますよね。「共同責任は無責任」ということです。

残念ながら、コミュ力至上主義の下では空気に翻弄されやすい。というのも、われわれ日本人のいう「コミュ力」なるものが欧米でいうコミュニケーションスキルとはまったく別ものだからです。欧米でいうコミュニケーションスキルとは、ディベート能力や感情的にならずに論理的に相手を説得する能力のことを指しますが、日本でいうコミュ力は、空気を読む能力、人をいじる能力、笑いをとる能力のことです。

思春期・青年期のコミュ力のロールモデル（模範にする人物）はお笑い芸人だと思います。芸人はキャラを立てて、笑いを取りに行って、人をいじって、空気を読む。この作法をわれわれはテレビから学び、それを教室空間で再現しているのです。ひとつのモードとしてなら笑いを取るコミュ力があってもいいと思いますが、そのモードのみになると危険です。国際化がますます進んでいくなかではこうしたタイプのコミュ力だけではやっていけません。日本のコミュ力はその場の空気が共有される前提がないと役に立たないので、コミュ力の真の価値を正確に理解して、モードを切り替える力を身に付けてください。

「キャラ」はコミュニケーションツール

次に「キャラ」という重要な概念についてお話ししましょう。学校空間におけるキャラの使い方は、お笑い芸人が自分の芸風を差別化して目立たせるための「キャラを立てる」といったことがモデルになっています。キャラとはその人の同一性を示す記号です。言い換えれば、その人がどの空間にいてもその人であり続けるための記号のこと。キャラの面白いところはその決まり方です。

キャラは空気が決めるのです。「いじられキャラ」とか「毒舌キャラ」とかなんとなく割り振られていく。だから、キャラはその人自身の特徴をあらわしてもいるけれど、一〇〇パーセント一致もしないという、ふしぎな記号です。キャラ決めには「キャラはかぶってはいけない」「急なキャラチェンジは危険」だとか細かいルールがいくつかありますから、そうした規則ゆえに、その人の性格と離れていくこともあります。本来の性格にふさわしくないキャラを割り振られた人は、しばしば「キャラ疲れ」を起こすといます。

キャラ文化がこれだけ普及しているのは、もちろんメリットがあるからです。キャラがわかっているとコミュニケーションがしやすく絡みやすい、しかも、お互いのキャラをいじりあっているだけで、コミュニケーションを延々と続けられます。つまり、キャラはコミュニケーションツールであると同時に、コミュ力の産物でもあるんですね。最近は「日常系」というジャンルの漫画があります。有名なのは『けいおん！』です。高校の軽音楽部に所属する女の子たちが、お互いのキャラいじりを延々と続けるだけの日常が描かれています。こうした空間はまったりとして非常に居心地がいいものですが、現実には不本意なキャラを決定されてしまった場合は「キャラ疲れ」ということが起きるかもしれません。

「キャラ」に関連した大きな問題もあります。スクールカーストです。経験したことがある人もない人もいるかと思いますが、スクールカーストとは教室内身分制のこと。昔から学校のクラスはいくつかの仲良しグループに分かれるものでしたが、いまはそれが上位グループから下位グループまで序列化される現象が起きています。カースト間の身分差は、一年間は固定され、カースト内の関係は流動的です。

なぜスクールカーストが便利かというと、上意下達の仕組みを運営しやすいからでしょう。カースト上位の生徒が発言すれば、それは逆らえない空気を生み出して、クラスの決定事項になる。何を決定しても、誰からも異論は出ません。それが決まりだからです。逆にカースト下位の人は自分から発言を控えます。これはいわば「プチ全体主義」です。明文化されたルールもなく独裁者もいない、しかしみんな自分の意図を抑え込んで、この曖昧な秩序に従わざるをえない。この危険な状態をもたらしたのも、コミュ力偏重主義であり空気です。

実は、スクールカーストを解体するのはわりに簡単です。カーストの決定は席が隣りだったなど、物理的距離の近さがかなり重要なので、解体しようとするなら定期的に班替えや席替えをすればある程度予防できる。空気なんて、その程度のいい加減なものです。空気は引っ掻(か)き回さないとよどんで、腐っていく傾向がありますから、それを自覚した場合は積極的に声を上げて崩していってください。

カースト内で起こるいじめは「いじり」であるとよく言われています。『りはめより

100倍恐ろしい』という小説を読んだ方はいますか？　これは高校生が携帯で書いた小説としてたいへん話題になりました。「りはめより」というのはいじ「め」よりいじ「り」は一〇〇倍おそろしいという意味です。いじりは目に見えません。当事者が「これはいじりだから」と言ってしまえば、学校側も周りの人も「いじりだったら口をはさむのも野暮なことだ」と手を出せなくなる。しかし、はっきり言っておきましょう、いじりはいじめです。芸人はいじられることでお金になりますが、みなさんはいじられても嫌な思いをするだけです。不快ないじりはいじめであると認識することが、間違ったコミュ力偏重を逃れるひとつのきっかけになると思います。

キャラは階層の中から生まれる

階層があってキャラが生まれる、これは重要なポイントです。たとえばAKB48が総選挙を行うのは、まさに階層や身分差をつくるためです。だいたい一クラスの人数を総選挙によって序列化し、ファンがアイドルのキャラ付けに参加できるというじつに巧みにできた最強のキャラ消費装置です。キャラは、消費対象やコミュニケーションの関わりに役立つぶんには悪い面ばかりではないでしょう。

しかし、キャラにはもうひとつ問題点があります。いったんキャラが決まると降りることができないのです。キャラとはその人の存在意義ですから、キャラを降りるということは居場所を失うことと同じです。結果的に、じぶんのキャラを決めこんで降りられなくなると、その人の成長は止まってしまいます。

成長の話で思い出しましたが、最近、二十歳前後の若者としゃべっていて一番違和感があるのは「自分がこれから成長する可能性があるとは思えない」という自意識を持つ人がとても多いことです。「努力は才能である」と答える人が多いのにも驚く。私たちの世代にとって努力とは「才能がない人が才能を補うためにするもの」という認識でした。しかし、いまは努力すら才能であるという認識に変わりつつある。

若い人が頑張っていないわけではないですよ。努力というものが、なにか「崇高なもの、高貴なもの、特殊なもの」と捉えられてしまっているのです。毎日コツコツ勉強することだって大変な努力なのに、「こんなの努力のうちに入りません」という。努力して成熟するというコースがどうも受け入れられないようです。みなさんはどうですか？

努力は才能ではないし、日々学校に行くことも含めて努力だし、それを重ねて行けば人間は勝手に成熟するものだと信じてください。

バカッターのメカニズム

今日のもうひとつのテーマ「承認の問題」へ移りましょう。承認とははじめに言ったように、人から肯定的に評価されることでもあります。私もみなさんも自信やプライドを持っている。その自信やプライドの拠り所が承認です。

人が自信を持つにはだいたい三とおりくらいしか方法がありません。

ひとつ目は社会的なポジション。たとえば、大きな会社の社員であるとか、みなさんだったら桐光学園の生徒であることからプライドが保たれます。二つ目は、自分がしてきた仕事や努力などからくる自己評価。勉強やスポーツでいい成績を残すことや、仕事で業績を残すことです。三つ目が承認です。社会とのつながりにおいて人から承認されることが、ほとんどの人が持っている自信の拠り所で、承認はとても重要な意味を持つ。まだ社会的なポジションが定まっていなくても、偉大な業績を残していなくても、自信を持つことができるとしたら、それは承認の力なのです。

Facebookを利用したことがある人はわかると思いますが、あの「いいね！」ボタンこそが承認です。Twitterだとフォロワー数とかリツイートの数が承認に当たります。いまやSNSは、人からの承認を数値化できるという身もふたもないものになりましたが、ある意味わかりやすい。バイト先の冷蔵庫に自分が入った写真をツイートするなど、いわゆるバカッターという現象が流行ったことがありました。全世界から馬鹿にされ炎上騒ぎになりましたが、あれをやった人たちは「バカな行為」を承知の上で、仲間内で笑いを取り承認してほしいがためにやったのでしょう。承認稼ぎが暴走すること、これがバカッターのメカニズムです。

このように逸脱したケースを見ると、いまの若い世代がどれだけ承認されることに対して飢えているか、それ以外の自信の拠り所を失っているかがよくわかる。かつては家柄や家の財産、成績がいい、スポーツができる、絵の才能があるなど、誰もが認める客観的な能力評価から自信を得ることもありましたが、いまはちがいます。能力があってもなくても承認がすべてだからです。人に認めてもらって、ついでに「いいね！」ボタン一〇〇個くらい押してもらってなんぼです。承認されない能力は価値がないのです。なぜ、このようないびつな承認の現象が起こったかは、先ほどのスクールカーストの話とつながっています。

スクールカーストの上位下位を決めるのはほとんど「コミュ力」の評価で、そこには友人が多いとか、異性にもてるかどうかという一元化された評価軸しか存在しません。そうした評価軸になじみすぎた人は、ほんとうの評価軸となるべき個人の才能ではなく、いびつな承認欲求を持ちやすい。たとえば、あの人は無口だけれども絵がすごく上手いとか、将棋の才能があるだとか、他の評価軸で尊敬することができれば救いがあるのですが、対人評価が一元化しているとスクールカーストのような全体主義を受け入れやすくなるのです。本来、対人評価は多様であればあるほど面白いのですが、残念ながらいまの教室からは多様性が失われつつあるのではないでしょうか。

また、承認は誰からされても良い訳ではないようです。承認にもいくつかの段階があって、たとえば思春期を過ぎて家族から承認されてもあまり嬉しくない。家族が自分を認めてくれるのはある意味当たり前なので、どちらかと言うと仲間内で承認されるほうが嬉しい。もっと言えば、より親密な関係の人、たとえば親友や仲の良い友達からの承認の価値のほうが高く、さらに異性からの承認はもっとも価値が高いようです。

もちろん本来は人間の価値は承認のみでは決まりません。ところが人は親密な関係の人や異性からの承認がより価値あるものだという考えにしばしば囚われます。このような考え方を中学や高校で身につけると、その人の人生に長く影を落とします。ですから、私が今日、場合によってはみなさんにとって耳の痛い話をしているのは、みなさんがいま抱いている価値観はほんとうに正しいのか、ということを問いかけているのです。それはひょっとすると、現代の日本の教室空間でしか通用しない、狭い価値観かもしれない。その可能性を考えてみて欲しいのです。

塾でキャラが変わる

居場所の話をしましょう。

居場所とは承認される空間のことを指します。日本では、承認が価値を持つのは基本的に学校空間です。残念ながら、少なくとも高校までは、勉強を学ぶ場と社会性を身につける場の両方を学校が担っています。できればみなさんには勉強と社会性は別々の場所で学んでほしい。学校と別の居場所があれば、たとえ不登校になっても、人生のハンディキャップになりにくいのです。日本ではたいていの場合、不登校が学力的なブランクになるだけに留まらず、社会経験のブランクになってしまうからです。不登校になるのはたまたまであって、コミュニケーション能力が高い人だってなるときはなります。不登校の人が社会性に乏しいと決めつけることは偏見です。ひとつのカテゴリーにある価値判断を根拠なく押し付けることを偏見と言います。

多様な居場所をどのように獲得するかが大問題というわけです。年のちがう人やちがう学校の生徒と交流する空間や、ちがう価値観や文化に触れる機会がもっとあればいい。あるいは親以外の大人と触れる機会も大切です。学校は同じような年齢の人を集めて均質化する傾向があります。たしかに管理はしやすいですが、価値観が一元化しやすいので、なんとかこれを変えたいものです。なかには塾に居場所を見つけて「塾だとキャラが変わる」人もいるようです。

他者が自己愛を育てる

みなさんは「自己愛」ということばにどんな印象を持ちますか？　このことばは意外なほど評判が悪い。「自己愛的な人」というと「自己中的な人」と混同しがちですが、じつはちがいます。自己愛とは自分という存在を温存していこう、サバイバルしていこうという欲望のことを呼びます。とすればみなさん全員、自己愛を持っていますよね。ある精神分析家は「人間の自己愛は一生涯成長し続ける」と言っています。私はこれを真理だと思う。成長や成熟は大人になったら終わるのではなく、特に自己愛は一生成熟・成長が続いていくのです。

自己愛を成長させるのは「他者」です。あとで詳しく説明しますから覚えておいてください。自分が親密に感じている「他者」が自己愛に成長のエネルギーを補充してくれる、この成長のメカニズムをよくイメージしてください。イメージを持っていないと自分が成長・成熟する可能性がないといった間違った考えに陥ることがあります。とくに中学、高校、大学と進むにつれ若い人はしばしば自己嫌悪や自分には価値がない、そんな自分が嫌いであるという意識に囚われてしまうことがあります。

自己愛には二種類あって、ひとつはプライド、もうひとつは自信です。自分が嫌いという人はしばしば、プライドは高いけど自信がない。精神医学的に、そうした人は非常に困った意識状態にあると言えます。なぜなら、その人は自分が他人から見てどんな人間か、また自分がいかにだめな人間であるかという苦しい自問自答を延々と続けなければならないからです。自信とプライドとのギャップはできるだけ縮めておくに越したことはない。

ギャップに苦しむ人には、より高い社会的なポジションに就くことで自信が回復すると思っている人がたいへん多いのですが、これは誤りです。高い社会的地位を達成したとしても、自信がそれに追いつかないという現象がしばしば起こる。なぜか？　自信の拠り所が承認だからです。ただし、他者からの承認を得るということは、スクールカーストにおいて上位に位置するということではありません。先ほどの「人間の自己愛は一生涯成長し続ける」と言った精神分析家は、思春期・青年期において、大人でも同年代の友達でも彼氏や彼女でもいい、大事な他者との関係が長く続いていくことが一番価値のある承認だという意味のことを言っています。私もまったく同感です。

自信を高めるには、他者との持続的で安定的で良好な関係が重要です。一人や二人でもいい、長持ちする関係を保つことが非常に大きな意味を持ちます。自己愛とは、そうやって鍛えられてゆくものです。

人生からの問いかけに答える

ここまでが現状分析の話です。では、みなさんにこれからどうしてほしいかを少し話したいと思います。

まず、自分が置かれている「状況」を自覚してください。それを認識しないと空気やカーストというものに流されてしまう可能性があります。よく認識を深め、知恵や趣味で武装することで、不本意な状況に流されるのを防いでください。

それから、面と向かっての対話をたくさんしてください。対話は適切に使うと、人を癒す力や人を成長させる力がある。メールやLINEではなく、面と向かって相手の存在に配慮しながら、言葉を生み出していく作業をしてください。欧米圏では言葉＝現実です。新しい言葉が生まれれば、新しい現実が生まれることと同じことです。私自身もそう思いますし、みなさんにもそう思ってほしい。

また先ほどから自信を持つためには承認を得ることだと話していますが、承認を得るより人を承認することから始めてください。愛されたければ、まず人を愛せとよく言いますが、同じことです。

それから、みなさんには「演技」をしてほしい。いまやほとんどの教室空間はキャラ空間ですよね。どうせそのキャラを受け入れるのであれば、演じている自覚を持っていただきたいと思っています。別人格を演じている自覚があれば、たとえ少々いじられても、本来の自分自身が無傷で済みます。何度も言うようですが教室空間の空気の支配やカーストなどから押し付けられたキャラは、あまり価値がありません。演技の自覚を持つことができれば、キャラの弊害は最小限に止めることができるので、ぜひ演じていただきたいと思います。

きょうお話しした「空気に逆らいましょう」、「キャラを演じましょう」、「承認や自己愛を大事にしましょう」ということは、突き詰めれば個人主義のことです。無条件で自分を大事にしましょう。「自分にはこのような価値があるから大事だ」ではなく、「自分は自分であるからこそ、かけがえのない存在である」という自覚を持ってください。こう考えることができれば、自然に他者も尊重する考えを持つことができます。逆に、ここが揺らぐと、自分には生きる意味がないとか、価値がないといった間違った発想にあっさりと巻き込まれてしまいます。個人主義が根付いていない社会では特にこの発想が猛威をふるう傾向が強い。客観的な価値だけではなく、コミュ力がない＝価値がないという思い込み、さらにプライドと自信のギャップに囚われやすくなりますから気をつけましょう。

個人主義は民主主義の礎でもあります。ひょっとしたら、みなさんは民主主義のことを多数決のことだと思っているかもしれませんが、それはちがいます。多数決はあくまで二次的なもので、民主主義の一番の礎は個人主義なのです。そこでは、個人の自由、個人の権利が、何よりも価値を持ちます。「個人＝俺」ではありませんよ。他者もまた尊重されるべき個人です。個人主義なき民主主義、つまりただの多数決は村人集団です。そんな民主主義に大した価値はないと私は思います。

あと二つだけお話しして今日の講演を終わりにしたいと思います。

フランクルという精神科医は、ユダヤ人で、ナチスドイツの強制収容所経験のある人です。彼は「あらゆるものを奪われて、それでも人は生きる価値があるか」という問いに向き合い続けました。フランクルの結論は「人間は生きる意味を求めて問いを発するのではなく、人生からの問いに答えなければならない。そしてその答えはそれぞれの人生からの問いかけに対する具体的な答えでなくてはならない」としています。

たいへん有名なことばですが、つまり、自分から意味を問うのではなくて、もう既に人生から問いかけられているのだから、それに答えなさいということです。人生という超越的なものに対して、自分で意味を見つける努力をせねばならないのです。

それからもうひとつ、坂口恭平という若いアーティストのことばです。彼は自著の中で「自分のしたいことをしてはいけない」と書いています。おもしろいですね。ふつう大人はしたいことを見つけなさいとか、自分が進みたい方向に進みなさいと言いたがりますが、彼は絶対そんなことを言いません。じゃあどうするのか。「自分にしかできないことをしてください」。このことばの意味はみなさんそれぞれで考えていただければと思います。

（この授業は二〇一四年六月七日に行われた）

◎若い人たちへの読書案内

僕たちが中学生だった時代とは、メディア環境がずいぶん違う現代の中学生に、「読むべき本」を薦めることができるのだろうか。そんな疑問を感じつつも、名作が時代を超えて名作である可能性に賭けて、僕が中学生のころに読んで面白かった本を中心に紹介したい。

最初に勧めたいのは**天沢退二郎**の**『光車よ、まわれ！』（ポプラ文庫ピュアフル）**。ダークファンタジーの超傑作だ。六年生の一郎は、教室で三人の黒い大男を目撃し、身辺に怪異が生じはじめる。一郎は七人の仲間と出会い、《水の悪魔》とたたかうために、三つの《光車》をさがす冒険がはじまる。「水面の裏側」に拡がる王国という発想が素晴らしい。「国立図書館の夜間閲覧室」や「地霊文字」など、四〇年以上前に読んだときの生々しい恐怖はいまなお鮮烈だ。平行世界モチーフや魅力的なヒロインの存在など、現代のライトノベルにも通ずる設定で、今どきの中学生にも、きっと面白く読めるだろう。

次は**宮沢賢治**。僕は岩手県生まれということもあるが、賢治好きのDNAがとことん強い。そんな古い人、と馬鹿にしてはいけない。賢治の影響力は、このところますます強まっている。芥川賞と直木賞といえば、小説家にとって最大の名誉の一つだが、去年はどちらの賞も、賢治の作品にちなんだ作品が受賞したくらいだ（『おらおらでひとりいぐも』と『銀河鉄道の父』）。それはともかく、賢治はやはり童話作品から入るのがいいだろう。ちょうどちくま文庫から一〇冊の全集が出ているから、いきなり全集を手に取るのもいいと思う。仏教の説話を背景にしてはいるが、ぜんぜん説教臭くない。物語も詩も歌も入り混じった不思議なカオスのような空間がそこにある。でも、どれか一つ、というのなら、**『ポラーノの広場』**をお勧めしたい。このお話、賢治童話中、ほぼ唯一の「恋愛もの」だと僕は考えている。

さて三冊目は、もうちょっとだけ新しい本を。**中井久夫**という精神科医の書いた**『いじめのある世界に生きる君たちへ――いじめられっ子だった精神科医の贈る言葉』（中央公論新社）**だ。どうせ「いじめは良くない」「命を大切に」みたいなことが書いてある本だと思った？　そうじゃない。いじめがどんなふうに目に見えなくなっていくかが、ものすごくリアルに解き明かされている。中井さんによれば、学校の教室で「いじめ」関係が成立する過程は、三段階に分かれるという。まず被害者は「孤立化」させられる。加害者が、被害者がいじめられるべき理由を言いふらして、どんどん味方がいなくなる。次いで、被害者の反発が厳しく罰せられることで「無力化」がなされる。最後に、被害者も加害者の存在を必要とするようになる「透明化」の段階に至る。「透明化」に至って、いじめの存在は周囲から完全に隠蔽され、誰にも見えなくなってしまうのだという。

この本を読めば被害者は「わかってくれる人がいる」と安心し、加害者は自分がしていることを顧みるだろう。いつかはそんな文章が書いてみたいと、僕はずっと考えている。

人の力を引き出す

湯浅誠

ゆあさ・まこと

一九六九年東京都生まれ。社会活動家、法政大学現代福祉学部教授。ホームレス支援のＮＰＯから内閣府参与までを経験することで、官民連携を通じて、日本社会を前に進める必要性を痛感する。著書に『反貧困』『ヒーローを待っていても世界は変わらない』『「なんとかする」子どもの貧困』など。

私の兄は障がい者でした。筋ジストロフィーという、成長してゆくにつれて筋肉が衰えてゆく難病に類する病気です。私が幼いころには兄は歩いていましたが、しばらくすると足の筋肉が衰えて歩けなくなり、小学校中学年のころには部屋の中は膝立ちで動いていました。しだいにそれもできなくなり、移動は、正座した状態で腕を杖にしてするようになりました。小さい頃から外では車椅子です。

いまから四〇年近く前には、電動車椅子はまだなく、誰かが押さなければなりませんでした。両親は共働きでしたから、学校からの兄の迎えを私が頼まれることがありました。兄は「向こうから誰か来たら脇道に逸れてくれ」と言います。車椅子の自分に引け目を感じているのです。私はそれが不満でした。自分の兄にはもっと堂々としていて欲しかったし、別に悪いことをしてはいないのだから、コソコソしなくてもいいじゃないかと思っていました。

ある日、向こうから人が来てもそのまま真っ直ぐ車椅子を押していきました。当時はいまよりも車椅子が珍しく、すれ違う人はジロジロと兄を見てゆきます。堂々としない兄に対しても腹立たしかったし、通りすがりにイヤな感じでジロッと見る大人たちも見返してやりたかったので、兄の言いつけに反して、脇道には入らなかったのです。すれ違った若い男は案の定、車椅子の兄をジロッと見てゆきました。子どもだったし何か抗議できるわけでもありません。兄は俯いて固まってしまい、車椅子を押している私も、自分の中にいろんな気持ちが湧いて、やっぱり固まったまま通り過ぎました。

家に帰ると「もう迎えにきて欲しくない」と兄は怒りました。何言ってんだという気持ちと、同じくらい、あれで良かったんだろうかという迷いがありました。もう四〇年経ちますが、いまだにその日のことは覚えています。どうすれば良かったのか。しばらく前から、私にはひとつの答えがあります。本当の正解は、障がいを持っている兄が引け目を感じなくて良い社会をつくることなのです。そうでなければ、道を曲がっても真っ直ぐ行っても、どちらを選んでも困ったことになってしまう。私はそう考えて、これまで活動を続けてきました。

携帯電話が日雇い現場を変えた

最初にやったのはホームレスの支援活動です。冬の大阪では毎年二〇〇人くらい凍死者が出ていました。この豊かな日本で、どんな人でもさすがに凍死する必要はありません。ですから少しでも路上の生活が良いものになるように、炊き出しなどをしました。そのうちに時代が悪くなり、アパートなどに暮らし、ホームレスではないけれど、生活が成り立たないという人たちが増えてきました。そこでその人たちへの支援もするようになりました。

少子化・高齢化・人口減少でこれからの日本はたいへんだとよく言われます。一八歳から六四歳までの稼働年齢層と呼ばれる社会の担い手が減ってゆきます。かつて働く人口は六〇〇〇万人いましたが、二〇五〇年には半分の三〇〇〇万人台になると言われています。どうすべきでしょうか。いま社会の担い手だと思われていない人にも、担ってもらう必要があります。障がいを持っている兄は高校卒業以来、三〇年間ずっと働いています。歩けないとか、手を普通に動かせないとか、兄にできないことを数え上げればたくさんありますが、できる仕事もあるのです。

ホームレスの人にも同じことが言えます。彼らにできないことはたくさんあります。しかしそこを見るのではなく、彼らの可能性を引き出して、社会の担い手になってもらうように、社会を変えていくことです。何もできない人だからと社会からはじき出しても、彼らはいなくなるわけではありません。そうであれば、その人にもできることをしてもらったほうが、本人も社会も幸せです。

私が支援したワタナベさんは、元は建設現場で左官をしていました。器用な人で、現場に行けば大抵の仕事はできてしまいます。ではワタナベさんはなぜ、ホームレスになったのか。ワタナベさんのような人たちは日雇いで働きます。昔、そういう人たちが集まって暮らしている場所がありました。横浜市の寿町や大阪の釜ヶ崎、東京の山谷（さんや）など、「寄せ場」と呼ばれた地域です。そういう町では毎朝早朝に、彼らを雇いたい建設会社の人がクルマで迎えにやって来ます。「今日は三人、こういう仕事ができる人が欲しい」と言うと、何人かが「それならできる」と手を挙げて、現場までクルマで送られてゆく。働き終えたら、またクルマで送ってもらって帰ってくる。

何十年間も続いたその仕組みを一変させたのが、携帯電話の普及でした。いちいち毎朝迎えが来なくなりました。「明日朝八時、ナニ区ナニ町何番地が現場だから来い」と指示が来て、それを受けた人が自分で現場に向かう。そういう働き方に変わりました。

実はワタナベさんは徹底的に地図が読めない人でした。電話で住所を指示されるだけでは、地図を見てもそこへたどり着けないのです。結局仕事にありつけなくなって、ホームレスになってしまいました。

逆にいえば、地図が読めないところさえカバーしてあげれば仕事はできます。私はその役をやりました。ホームレスの人たちと働く便利屋を起業して、ワタナベさんを働く場所に連れて行って、現場では彼の手伝いです。現場ではなんだって彼の方がずっとうまい。業界用語で「テモト」と言いますが、私は彼の補佐役です。「ちょっとノコギリ取って」と言われて手渡したり、「ここやっといて」と言われて仕上げておく。ワタナベさんとそういう風に仕事をしてきました。しばらくして私は彼の支援から離れてしまいましたが、便利屋自体は現在も続いていて、いまでは二〇人以上の人が働いていて、売上も一・五億円ほどの年商があります。

ホームレスというと、ボロボロの服にずっと洗っていない髪の毛といったイメージがあります。そういう人は目立ちますが、ワタナベさんのようなホームレスの人は、町ですれ違っても気がつきません。私たちが気づかないだけで、ホームレスだったり、住むところはあっても仕事に困っている人はたくさんいます。ただでさえ働く人が減ってゆくのですから、そういう人にもできることをやってもらえる世の中にしたほうが良いに決まっています。稲作農家が「米一粒たりとも無駄にできない」と言うように、日本社会も一人も無駄にできないのです。こういう考えをソーシャル・インクルージョンと言います。働けないと思われていた人も、働ける世の中に変えてゆくことです。

たとえば、簡単な作業や清掃など、彼らにも担える仕事を、世の中から切り出して来ることもひとつの方法です。でもそれだけではありません。ソーシャル・インクルージョンは、ホームレスでもないし障がい者でもない私たちにも関係がある。そのことをお話ししましょう。

斎藤環さんの工夫

健常者にもできないことはたくさんあります。数え上げれば誰にだって一〇や二〇はあるはずです。今日は腰が痛いからとか、やろうと思ってたのにやれと言われてやる気がなくなったとか、そんな理由でできないこともありますよね。人間ってそんなものです。どうやったら、その人の持っている力を引き出せるか。重要なのは教育です。教育を英語でエデュケーションと言います。「エデュ」はもともと「引き出す」という意味です。教育とは実は教え込むことではなくて、みなさんの持っている力を引き出すことなのです。ホームレスや障がい者から、その人にできることを引き出すのも教育です。引き出すのは誰か。強いて言えば社会全体です。だからソーシャル・インクルージョン、社会的包摂というのです。いまの日本はみんなの力を引き出せる社会だろうか、そのことを考えてゆかなければなりません。

何がこの人から引き出せるかという問題意識を持つこと、発想を切り替えることが必要です。できることに目を向ける。これはできないことに注目しがちな人にとっては、簡単なことではありません。また、力を引き出すためのノウハウ、技術も必要です。具体的な例を紹介しましょう。

大きな災害が起きると、怪我をしたり財産を失ったりするのはもちろんですが、心にも被害を受けます。多くの人が亡くなった東日本大震災では、遺族になって苦しんでいる人が大勢います。また家が流されたり大切なアルバムを無くし、精神的に傷ついた人も大事です。受けたショックを自分の中に溜め込むのではなく、時には泣き、時には愚痴を吐き出し、心の健康を保たなければなりません。今回、特に大きな被害を受けた東北太平洋沿岸部の高齢者たちにも、心のケアが必要でした。

ところが問題は、心の病に対する偏見です。何か調子が悪いなという自覚があっても、周りの人から精神異常のように思われ、白い目で見られるのを嫌がるのです。みなさんのように若い世代ではそんな偏見はないでしょうが、被災地支援の現場では大きな問題です。偏見を恐れて医者に行かないと、どんどん状態が悪化してしまいます。健康であれば地域でいろいろな役割を果たせる人でも、次第にできることが減ってゆく。だから深刻になる前に何とかするのは、本人のためだけでなく社会全体のためでもあります。けれども「私は精神科医です。心が病んだ人は相談に来てください」とアナウンスしても当然、誰も来てくれません。

ここが知恵の絞りどころです。被災地で精神科医の斎藤環さんが実際に取った方法は、次のようなものでした。彼は「心のケアをします」と言う代わりに、「血圧測定をします」と言ってみんなに来てもらいました。血圧測定ならば、誰でも気軽に受けられます。そういう風に名前を変えたことが工夫のひとつ。そしてもうひとつ、わざと自分の持っている血圧測定器の一番古いタイプのものを持って行ったことです。腕に巻いたチューブに小さなポンプで空気を溜めて、その空気を抜きながら血圧を測る仕組みのものです。瞬間的に測定できる最新式の機械とちがい、この装置ではどうしても二、三分の時間がかかります。その数分間に世間話をする。そして受け答えで気になった人がいれば、あとでゆっくり話を聞く。そういう工夫をして、被災者の心のケアという彼本来の役割を果たしました。

人間は聞いたことの二〇％しか覚えていない

私も大学では、学生の力を引き出す責任を負っています。授業をしても、学生が何ひとつそこから持ち帰ってくれなければ、何の意味もない時間だったことになります。私が担当している授業のひとつに二〇〇人くらいの大人数の講義があります。その授業では、大変チャーミングで示唆に富んだ一コママンガ（図1）を見せて、教えると学ぶは

出典：バッド・ブレークのアイデアをイラスト化。

図１　教えたから学んだはず？　ロバート・チェンバース著　野田直人監訳『参加型ワークショップ入門』（明石書店）から

ちがうという話をします。マンガにはこんなシーンが描かれています。ある女の子が得意げに「私、犬のスポットに口笛を教えたの」と言っています。それを聞いた男の子が「スポットの口笛、聞こえないけどなあ」と首を傾(かし)げています。女の子は、教えたとは言っていますが、それはスポットが学んだかどうかとは別の話なのです。このことを最初に意識してもらうのが工夫のひとつです。

教室をどう使うか、そのことにも注意が必要です。学校の教室は、知識伝達型の授業を前提にデザインされています。具体的に言えば、話している教師から生徒全員をよく見ることができ、聞いている生徒同士は互いに見えにくいようになっています。実際に教壇に立つとよくわかります。席に着いていているとちょっと居眠りをしても気づかれないだろうと思うでしょうが、教壇からは驚くほど一人ひとりの様子がよくわかります。机も椅子も固定式で、体を大きく捻(ひね)りでもしないと隣りの人の顔も見えないようになっています。

「人間は読んだことの一〇％は覚えている。聞いたことの二〇％は覚えている。見たことの三〇％は覚えている。自分で言ったことの八〇％は覚えている。自分で言ってしたことの九〇％は覚えている」という言葉があります。一時間の授業をしても、聞いたことの二割＝一二分くらいしか覚えていないものなのです。そこで私は、教室でただ講義を聞くだけにならないように工夫しています。たとえば、毎回の授業のたびにちがう人とデートスケジュールを組んでもらいます。そして毎回、その違う人たちに、自分の意見を伝えて感想を聞いたり、質問してもらったりします。一人ひとり考え方や感じ方が違いますから、それを通じて多角的に物事を見る目を養い、いろいろな気づきを持ってもらうのです。

最初は誰しも自転車に乗れなかったように、やってみて初めてできるようになる。そんな風に自分の力が引き出されるのが、学ぶことの本当の意味です。以前は大学の授業といえば、大人数の知識伝達型のものがほとんどでした。けれども最近では学生同士のディスカッションで進めてゆく授業も増えています。教える側には生徒の力を引き出す責任がありますから、いろいろな工夫をしているのです。皆さんはどうでしょうか？自分でがんばるだけでなく、いろんな人たちの力を引き出せる智恵とノウハウを持っていますか。

最後にひとつ宿題を出しておきます。大きな災害があると、みなさんくらいの若い人が中心になって、足湯ボランティアがよく行われます。椅子とたらいを持って行って、たらいにお湯を張り、足を温めてもらうのです。ボランティアの人は被災者の正面にいて、「熱すぎませんか、温まってきましたか」などと声をかけます。この足湯ボランティアは何のためにやるのでしょうか。もちろん単に足を温めるためにやるのではありません。本当の目的は別にあります。

さて、それはなんでしょうか。この宿題も、少しでもみなさんの頭に何かを残してもらうための私なりの工夫です。今夜お風呂に入ったときに、そういえば足湯の話をしてたなと思い出してください。

（この授業は二〇一四年一〇月一一日に行われた）

◎若い人たちへの読書案内

本を読むきっかけになったのは、失恋だった。

高二のとき、映画好きの友人を手伝う形で映画を製作した。男子校だったので主演女優を女子高から呼んだ。その子が好きになった。

免疫がなかったのだろう。夏休みに映画に誘われて舞い上がってしまった。向こうはそれほどではなかったみたいで、私にとっては苦しい半年間が始まった。

高三前の春休みに決着をつけたが、私はこれで「人間になった」と思っている。

他人からの視点を真剣に吟味することで「なぜ私は、私なんだろう」と考えるようになった。他人からの見られ方をあそこまで強く意識したのは、初めてだった。

そうなると、私が私になった歴史にも関心が出てくる。自分で自分に関するイストワール(歴史・物語)を紡ぐようになった。「高三までは、ほとんどサルだった」と今は言っている(笑)。

そういう経緯だったので、読書関心も文学や哲学に向かった。**二葉亭四迷**『**浮雲**』、**森鷗外**『**舞姫**』、**太宰治**『**人間失格**』、**村上龍**『**69**』……最初は青春もの・恋愛ものが多かった。小説以外では**スタンダール**『**恋愛論**』にはまった。恋すると相手のすべてが美点に見える。日本で言う「あばたもえくぼ」の比喩をスタンダールは「ザルツブルグの小枝」で表現した。自分が陥っていたのもこれだ、と自分に言い聞かせたりした。

入口はそうだったが、読み始めてみると、興味関心は広がっていった。教科書に出てくる近代小説家を冒頭からたどっていくように読んだ。特に森鷗外と太宰治にはまって、文庫化されている二人の小説は全部読んだ。生硬な鷗外の文章を高校生の私が理解できていたかと今考えれば心もとないが、どこか大人の世界を覗(のぞ)いているようなスリルがあった。背伸びしたかったのだと思う。

カントの『**純粋理性批判**』を初めて手に取ったのもそのころで、わからないながらも途中まではがんばって読んだ。早熟な同級生から刺激を受けて、**吉本隆明**や**柄谷行人**(からたにこうじん)といった日本の批評家にも手を出した。吉本の『**マチウ書試論・転向論**』、柄谷の『**探究Ⅰ**』は、最先端の思考に触れられているような喜びを感じながら読んだのを覚えている。

総じて自分の高二から高三にかけての読書体験は、自分の能力以上のものを読み、具体的なことよりは抽象的なことを、しかも「考えた」というよりも「考えようとしていた」というような性質のものだったと感じる。この本のこの個所に衝撃を受けて、その後の人生にこのように影響した、と具体的に言えるものはない。

しかし同時に、自分はどうしてこのような存在・性格・性質なのかとぐるぐると考え、難解な思考の論理を追って、友人と背伸びして議論していたあの時期は、私にとってとても豊かな時期だったという感触もあるから不思議だ。何に結実したかと名指せないのだが、その後の私が物事を理解したり思考したりする際の基盤となるような、基礎的な理解力と思考力を培ってくれたような気がする。

焦燥感に駆り立てられたような未熟な読書体験が、今の若者たちの参考になるかどうかはわからないし、同じようにすればいいなどと言う気もまったくないのだが、「わからないことと格闘することは、おもしろい」と、何につけ言えるようになったのは、あの時期の読書体験が自分にとってプラスだったと感じられているからかもしれない。

リスクで物事を考える

美馬達哉

みま・たつや
一九六六年大阪府生まれ。医師・医学者。臨床脳生理学、医療社会学。京都大学医学研究科脳機能総合研究センター准教授を経て、現在立命館大学教授。主な著書に『〈病〉のスペクタクル』『リスク化される身体』など。

リスクということばを聞いたことがない人はいないでしょう。確率や統計に関係があるというイメージも持っていると思います。今日はリスクとは何か、あらためて考えてみたいと思います。

リスクは英語では risk ですが、似た言葉に harm があります。harm は「危険」という意味です。では「リスク」と「危険」は何がちがうのでしょうか。わかりやすい例がありますので、原発事故を扱った日本映画の一シーンをご紹介します。

「これまでだよ」

「でも、どうしたんだ。あの大勢のひとたちはどこへいったんだ」

「みんな、この海の底さ」

「あれはいるかだよ、いるかも逃げているのさ」

「いるかはいいねえ、泳げるからねえ」

「どっちみちおなじことさ、放射能に追いつかれるのは時間の問題だよ」

「来たよ」

「あの赤いのはプルトニウム239、あれを吸い込むと二千万分の一グラムでもがんになる。黄色いのはストロンチウム30、あれが体の中に入ると骨髄に溜まり白血病になる。紫色のはセシウム137、生殖腺に集まり遺伝子が突然変異を起こす。つまりどんな子どもが生まれるかわからない」

「ああ」

「しかしまったく人間はあほだ。放射能は目に見えないから危険だと言って、放射性物質の着色技術を開発したってどうにもならない。知らずに殺されるか、知って殺されるか、それだけだ。死神に名刺もらったってどうしようもない」

（映画『夢』より「赤富士」の一場面）

監督の黒澤明が実際に見た夢を元にしたとされる短いストーリーがいくつか描かれる映画『夢』の一場面です。ここでは葛飾北斎の浮世絵「赤富士」から連想して見た夢という設定です。夢の中で、富士山近くに建設されている原発が事故を起こし、それがきっかけとなって富士山が再び火山活動を始めてしまいます。ここに危険とリスクのちがいがはっきりと描かれています。

映画では、富士山の噴火やそれに伴う地震は、既に発生し、登場人物たちにとっての「危険」となっています。直接危害を受ける事態です。それに対して、この場面に描かれている放射能は「リスク」です。目に見えず、どのような害があるのかもまだわかりません。ここでは放射性物質に着色する技術が開発されたことになっていますが、現実ではガイガーカウンターなどの特殊な装置を使ったり、大学の研究者など専門家に教えてもらわなければ、放射能がそこに存在するのかも知ることができません。リスクと危険のちがいのひとつは、このように肉眼で見えるかどうかという点です。

もうひとつのちがいは、リスクはまだ存在しないことです。映画の台詞（せりふ）にあるとおり、リスクは将来病気になるかもしれないという可能性でしか表現できません。いまは存在しないので、リスクを語るときには未来の可能性、つまり確率が出てくることになります。東日本大震災に当てはめれば、地震と津波は「危険」、放射線障害や移住を強いられたことによるストレスは「リスク」です。

この映画での色付きの煙とは違って、肉眼では見えていないものをどう扱うのか、これがリスクの難しいところです。被害が肉眼で見える場合、客観的にその程度を判定しみんなが同意することも可能です。しかし今後起きるかもしれないことについては、どのように対策をするのか、みんなの意見がなかなか一致しません。社会がどう立ち向かうのか、合意の形成が難しいのです。リスクは、危険や被害とはちがう考え方で対処しなければなりません。

脳科学でリスクを考える

ここで簡単に自己紹介しておきます。私は医者でもありますが、脳を研究する科学者でもあります。そして、人文社会学的にリスクが社会でどのように扱われているのかを研究する文系的な研究者でもあります。

私が進学した医学部は、他の学部と少しちがうところがあります。それは一種の職業専門学校でもあることです。法学部に入った人が全員、法律家になるとは限りませんが、医学部に進学した人はほぼ全員が医師国家試験を受験し、合格すれば医者になります。私は神経内科の医者として、病院の外来で白衣を着て患者を診る仕事もしています。神経内科は脳神経内科ともいい、アルツハイマー病（認知症の一つ）や、手足の震えが出ることで知られるパーキンソン病、難病の小脳変性症などの脳の病気を扱います。医者として診るだけでなく、脳はどのように働いているのか、病気を治すためにはどうすればいいのかを知りたいと考え、科学者として脳の研究をしているのです。

「リスク」の意味を考える文系的な研究には、私が脳科学者であることがどうつながるのでしょうか。私が大きな影響を受けた人に、中川米造先生がいます。いまから三〇年以上前、医学とは人間の生物学であるという言い方がありました。そして医学を応用して病気を治すのが医療であると言われていました。それほど不思議な考え方ではありません。しかし中川先生はこれに異を唱えました。医学という近代的な学問が成立する以前から、病を治し人を癒す医療は存在したはずです。いまからみればそれは宗教的な行為に近く、おまじない程度の効き目しかなかったかもしれませんが、医学が無い時代には医療もなかったという言い方は明らかに間違いです。

それでは医療とは何でしょうか。中川先生は、サービス業であると言いました。人を癒すときには、科学的な知識だけではどうにもならないことがある。研究によって学問的知識をたくさん集めるだけでは、人間を癒すという医療の目的を達することはできない。さらに、医者が病気を治すのではなく、患者が病気から治ってゆくのを手助けするのが医者の仕事である、と中川先生は言いました。

医学は死亡率を改善していない？

「医学」がどのくらい人の役に立ったのか、具体的に考えてみましょう。

いま生きている人のうち、来年までに何人が死ぬかを表す死亡率という数値があります。年齢別での死亡率をみると、みなさんのように十代の若い人は、先進国ではほとんど死ぬことはありませんから、日本の若者の死亡率はゼロに近い数字です。一方、アフリカやインドや中国内陸部などでは、まだ決して低くありません。死亡率の国全体の数字を見ることで、国民の健康状態の目安がわかります［図1］。

グラフは、アメリカの一九〇〇年から一九七〇年の人口全体での死亡率の推移を示しています。この間の大きな出来事としては第一次世界大戦（一九一四―一九一九）と第二次世界大戦（一九四〇―一九四五）がありました。また医学の歴史では、抗生物質の

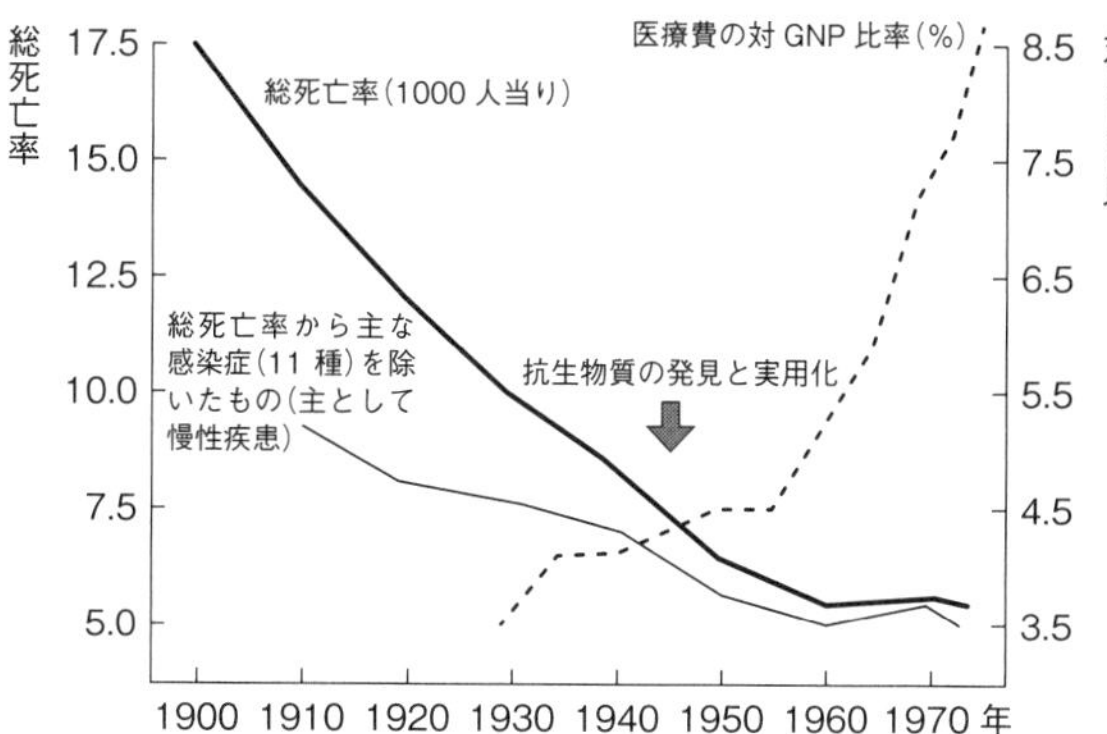

図 1　米国における死亡率の変化
(McKinlay & McKinlay, 1977 より改変)

発見と実用化が両大戦の間にかけてありました。イギリスの微生物学者のフレミングがカビの一種から偶然に発見し実用化した、細菌をやっつける有用な薬です。もし医学の進歩がみなさんの健康をもたらしたと言えるのであれば、抗生物質が見つかり実用化された直後から、死亡率は改善しているはずです。ところがグラフはそうなっていません。むしろ一九世紀の終わりから二〇世紀はじめにかけて急激に低下したあとは横ばいです。

点線はGNPに対する医療費の割合を示しています。六〇年代から、人びとがどんどん健康にお金をかけていることがわかります。その急激な増加に比べると死亡率はほとんど改善されていないように見えます。では一体、死亡率の低下には何が寄与しているのでしょうか。

イギリスのデータにも着目しましょう［図2］。イギリスは一八三〇年代からの資料があります。それによると一九世紀から今日まで、一貫して健康状態は良くなっています。しかし、それを境に死亡率が明確に低くなるポイントがあるとは言えません。たとえば一八八二年にはドイツの細菌学者のコッホによる結核菌の発見がありました。病気の原因としてのウイルスの存在に気がつき、今日の医療の礎となった重要な出来事ですが、その後も死亡率は劇的に改善しているわけではありません。抗生物質を利用する薬物療法が始まっても大きな変化がないことはアメリカと同様です。またBCGワクチンの開発後もあまり変わりません。

これをどう理解すれば良いのでしょうか。ある人は、潮が引いているときに海からバケツで水をかき出し、あたかも自分のおかげで海の水が減ったと勘違いしている、と言いました。もともと病気は時代が進むにつれて医学とはあまり関係なく減ってゆき、その合間に医学の進歩という努力があっただけだと言うのです。それにしても、一九世紀以来、死亡率が低下してゆく大きな傾向があることは確かです。それはいったい何が良

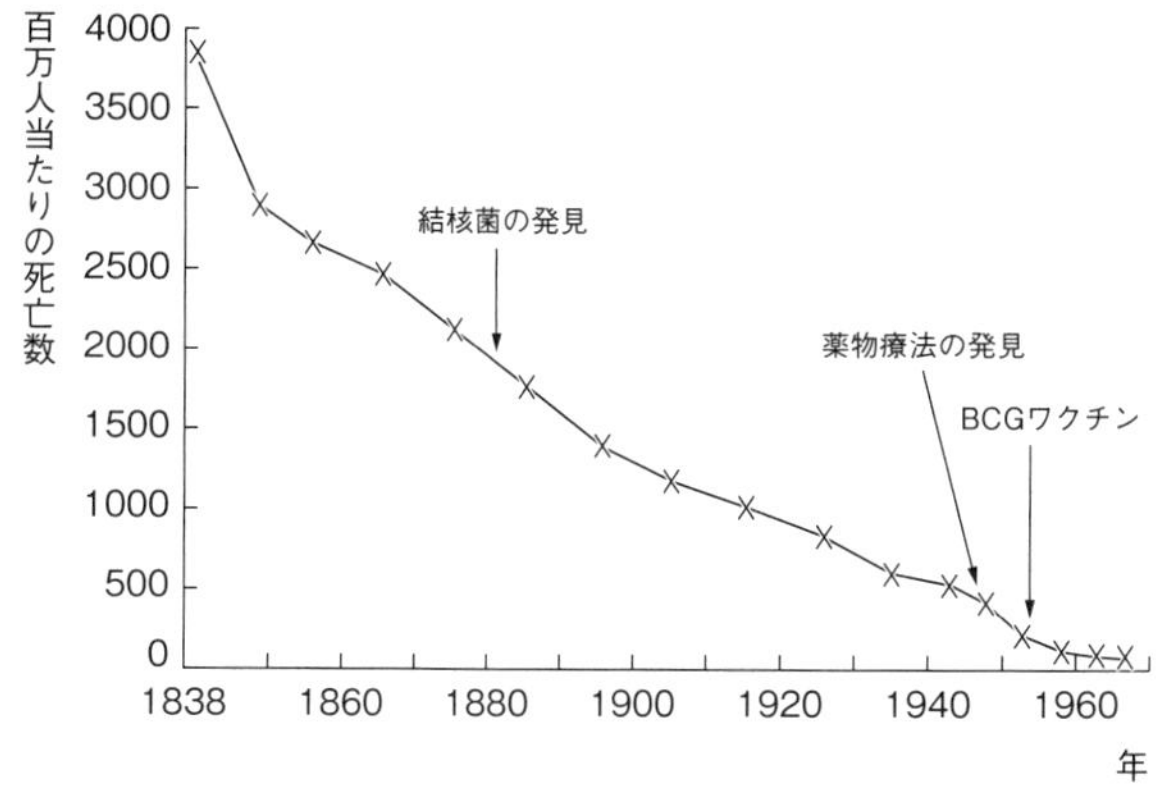

図２　イングランドとウェールズでの肺結核での年間死亡率
（McKeown, 1979より改変）

かったのでしょうか。はっきりした答えは出ていません。最も可能性があると考えられているのは、上下水道の整備です。井戸に水汲みにいったり、不潔な雨水を飲まなくとも、水道から水が出るようになり、水洗トイレの整備が進んで下水と上水を分けることができました。これが死亡率低下の大きな原因のひとつと考えられています。その他にも、食べ物が全般的に良くなり、栄養状態が改善して免疫力が上がり、病気に罹りにくくなったことも影響があるだろうと言われています。

このように分析してゆくと、病気になった人を治す医学の役割よりも、人が病気にならないように健康を作りあげてゆくことの方がより大きな役割を果たしているとも考えられます。そしてこの辺りで、私が三つ目の仕事として取り組んでいる人文社会学にも果たすべき役割が見えてきます。

人間の脳はリスクを嫌う

健康に生きることの中には、医学や生物学などの理科系の学問だけでは解決できない問題がたくさん含まれています。たとえば、どうやって生きるかという社会や経済に関わる問題や、どんな環境をいい環境と考えるかを問う哲学的な問題などです。医学や生物学や化学では扱い切れない、そのようなことを対象にする研究には、社会学や歴史学も重要だと私は考えました。具体的にお話ししましょう。

医学にとって死亡率は確率の問題です。たとえば一〇〇万人あたり三〇〇〇人死ぬのならば、集団の中で死ぬ人もいれば死なない人もいる。そのようなリスクがあることになります。他方、どんなに低い死亡率の社会でも、死ぬ人は確実に存在しています。その個人にとっては、死ぬか死なないか、二つに一つです。現実に病気になり、いま苦しんでいる人にとっては、それはもはや確率＝リスクではなく、危険であり自分の身に及ぶ危害です。医学は病気をリスクと捉（とら）えますが、そうではない見方で考えなければ、その人たちの置かれた状況を捉えられません。言い換えれば、個人としての人間と集団としての人間の健康状態をどうやったらバランスよく考えることができるか、それが私のテーマです。

脳科学から見たとき、人間は確率というものをどのように理解しているのでしょうか。一、二、三という数字を理解することと、％で表される確率という現象を理解することには、何かちがいがあるのでしょうか。簡単で面白い実験があります。二つの選択肢AとBのうち、どちらを選ぶか瞬間的に判断してもらうテストです。やってみましょう。

①

A：必ず三〇〇〇円もらえる

B：四〇〇〇円もらえる確率が八〇％、ハズレると一円ももらえない

②

A：二五％の確率で三〇〇〇円もらえる
B：二〇％の確率で四〇〇〇円もらえる

③
A：どのクジを引いても三〇〇〇円罰金を必ず取られる
B：四〇〇〇円取られる確率が八〇％、二〇％の確率で何も取られない

やって見ると、①ではAが多数派になります。つぎに②では今度はBが多くなります。最後の③では、Bを選ぶ人の方が多くなります。冷静に期待値を計算すれば、AとBのどちらが有利か答えは出ます。期待値とは、この場合もらえるお金の平均値をさし、確率とお金をかけて算出します。

さてしかし、問題を読み上げ、聞いただけですぐに手を上げてもらうと、誤った選択肢を選ぶ人の方が多数になります。①では、Bの方が期待値は三二〇〇円とAより高くなります。②の問題は、実は①を4で割っただけですので、Bが有利であることは変わ

りません（期待値はAが七五〇円でBは八〇〇円）。ですから多くの人は②でAを選びましたから正解となります。ただ、合理的に考えれば、①でAを選んだ人が②でBに変わるのはとてもおかしなことです。ところが実際には多くの人がAからBに考えを変えてしまいましたね。③は、①のプラスとマイナスが逆になっているだけです。正負が逆なので、今度はAの方が有利なのですが、みなさんが選んだのはBでした。

この結果からどのようなことがわかるでしょうか。人間には、確率を何となく見た目で選んでしまう性質があります。これは単なるうっかりミスではなく、人間の脳に備わったクセなのです。分析すると確率の見た目に対していくつかの観点で捉えていることがわかります。ひとつ目はリスクの有無です。①のテストで、選択肢Aは確実で、Bは不確実な要素があります。つまりリスクです。人間はリスクを嫌う性質があるのです。この場合のリスクは、答えにバラツキがあることを意味しています。Bを選んで、ある時は四〇〇〇円を得られ、ある時は何も得られないというバラツキを嫌うのです。これは、リスクを嫌っている安全性指向です。

リスクの有無を気にする一方、人間の脳には小さなちがいをあまり気にしないという性質もあります。テスト②で、二〇％と二五％のちがいと、三〇〇〇円と四〇〇〇円のちがいのどちらが印象に残りましたか？　二〇％と二五％のちがいの方が気になったという人はほとんどいないと思います。三〇〇〇年と四〇〇〇円の差という大きなちがい、はっきりとしたちがいの方に注意がゆくのです。

加えて人間には、安全性指向だけではなくリスク指向という性質もあります。どのみち安全な選択肢はないと判断すると、リスク、つまり結果にバラつきのあるほうの選択肢を好むのです。テスト③にその傾向は表れています。どちらもマイナスだと判断した瞬間から、イヤなものが必ずあるAよりは、イヤなものがあるか何もないか、どちらかという賭けというリスクの要素があるBのほうがマシだと考えるのです。別の言い方をすれば、人間の頭の中では、利益になることについては安全性指向と、損になることについてはリスク指向とで、別の判断を働かせているのです。

古いシステム、新しいシステム

これを脳科学では、脳にシステム1とシステム2があると考えています。

システム1は直感的に、いわば勝手に働いてしまいます。パッと瞬間的な判断が求められる場面ではどうしても直感に引きずられてしまいます。システム2は自分で計算して答えを出す時の脳の働きです。先ほどのテストでいえば、①では「必ず」という言葉を聞いた瞬間に、システム1は「必ずもらえるという安定性の方が良い」と判断してしまいます。「八〇％」という不確実性を嫌がります。②では、システム1は「A、B、どちらもくじ引きだ」と判断します。そして「三〇〇〇円より四〇〇〇円の方が大きい」と判断してしまうのです。③では、「罰金」と聞いてまずイヤだなと感じ、「ちょっとでもイヤさが少ない可能性がある方が良い」と思ってしまうのです。脳のシステム1にはそのようなクセがあります。

人間が誕生した数十万年前、木の実をとったり魚や獣を捕って食べていた時代には、システム1が重要だったと考えられます。鋭い歯を持った大型獣が襲ってきたら逃げる、小さな獲物が来たら捕らえるという直感的で素早い判断が大事でした。やがて農耕文明が始まり、いつ種を播(ま)いていつ収穫するかなどを計画するようになり、システム2が必要になったと考えられます。つまり、システム1は人間の動物に近い部分と、システム

2は文化的な部分と関係しているのです。

現代社会でシステム1を使うのは、たとえばスポーツです。ルールはありますが、いちいちそれを参照していてはゲームに勝てません。もっと直感的で素早い判断が求められます。ちょっと意外ですが、文字を読むことも一部はシステム1の働きです。緑色の「赤」という文字と、赤色の「緑」という文字をでたらめな順序で一つずつ短時間に示して、瞬間的に「その文字の色」を答えてもらう実験があります。すると、つい書かれた文字の「意味」を答えてしまうことがあります。ちなみにこれは、ストループ・テストという心理学や錯覚の有名な実験です。

リスクという、いまここに存在しないものに対しては、システム1はうまく働くことができません。人間の脳が形作られた時代には、リスク（将来の危険）よりも、いま目の前にある危険について高速で判断することが必要だったからでしょう。しかし現代は状況がちがいます。この複雑な社会では、まだ起きていないけれども将来起きるであろうことに対する判断も、生きてゆくために重要です。現代は脳のシステム2をたくさん使わなければならない時代なのです。

このことから、最初にも少し紹介した原子力発電について考えてみましょう。ロベルト・ユンクというドイツのジャーナリストはかつて次のように指摘しました。

原子力発電はひとたび動かすと止めるのが難しい。止めたからといって、核燃料の保管や放射性廃棄物の問題がなくなるわけではない。しかし一旦稼働させたら、廃棄物の保管には数万年という時間にわたる手間がかかる。人間は、途中で止めることができない技術と、それに伴う将来のリスクについて、その是非をうまく判断できない生き物である。したがって、原子力発電技術には手を出すべきでない、そう主張しました。ユンクの指摘は最新の脳科学の考え方とも一致しています。数万年にも及ぶリスクの是非を判断することは、人間は不得手です。少なくとも、とっさの判断（システム1）では正しい判断を下せないと考えられます。

人間が将来をちゃんと計算した上で判断するシステム2を正しく使いこなすことは簡単ではありません。地球温暖化や戦争のように長期的に見れば誰の得にもならないはずのことが、短期的な目先の利益に引きずられて止められない場合も多くあります。原発についても、科学や工学の技術として可能かどうか、ではなく（万能とは言えない）人間の脳にとってうまく使いこなせる技術かどうか、を考え直す必要があります。

反射的に即答するシステム1ではなく、システム2をうまく働かせるには、じっくりと反省して考える時間が必要なのです。

けれども、現代社会では、人間の判断や行動には素早さがどんどん求められるようになっています。たとえば、みなさんもよく知っているLINEのようなインターネットでのやり取りは、手紙での文通と比べものにならないスピードです。素早いやり取りをしている中で、流れの勢いで不必要に人を傷つける非難や攻撃をしたりされたりして「炎上」することもあります。これは、リスクや後先をよく考えずにとっさに反射的に応答するシステム1の働きに人間が引きずられてしまうからです。

意志決定する「脳」という一つのことに着目すると、スマホでの会話から原発や地球温暖化までの社会のさまざまな問題に共通するリスクの問題が見えてきますね。これが、大学や大学院での学問や研究の面白いところです。大学は英語で「ユニバーシティ」といいますが、これは「ユニバーサル（普遍）」と同じ語源です、つまり、一つのことを専門的に調べていくと、普遍的で一般的な知識につながっていくのです。

ただ、みなさんが今後の進路を考えるときは、システム2を使うだけではちょっとつまらないですね。ここでお話ししたこととは矛盾するようですが、ときには直感的なシステム1に従ってなんとなくやりたいことに反射的に進むのも一つの選択です。

コンピュータと違って、矛盾してもフリーズしたり壊れたりしないのが人間の脳のよいところなのです。

（この授業は二〇一四年六月二八日に行われた）

◎若い人たちへの読書案内

スピノザ『エチカ』（岩波文庫）
多和田葉子『エクソフォニー　母語の外に出る旅』（岩波現代文庫）
ダン・アリエリー『ずる：嘘とごまかしの行動経済学』（ハヤカワ・ノンフィクション文庫）

若い人に薦めたいのは、自分がいつもは手に取らない本を読むことです。ですからキーワードは「外」、私の専門の脳科学とも医学とも医療社会学とも関係しない本を選びます。

まずは、十七世紀オランダの哲学者スピノザの『エチカ』。エチカというのは日本語で「倫理学」ですが、『エチカ』は道徳の本ではなく哲学書です。難しくて中高生ではムリと思うかもしれません。でも、違います。たとえわからなくても背伸びをして読むことが読書の醍醐味なのです。スピノザは、エチカを幾何学のように書こうとしました。ですから、一つ一つの主張は数学の定理のように短く、証明と同じで筋道をたどれば必ずわかる仕組みです。

スピノザの時代には宗教の違いによる無残な戦争で人々が苦しんでいました（今も似たようなものですね）。彼は、「神」を深く考え抜いて、宗教同士で争うのではなく寛容が大事だと結論しました。その主張のために、ユダヤ人だった彼は、ユダヤ教会から〝外に〟破門されて暗殺されかけました。そのことも知って読むと、数学の証明のように淡々と書かれた『エチカ』にまた違った印象を受けるでしょう。

二つ目は、ドイツ在住で日本語とドイツ語の文学で活躍する多和田葉子さんの『エクソフォニー』です。副題の「母語の外に出る旅」の「母語の外」というのがエクソフォニーの意味です。本の中では、ドイツ語や日本語や他の言葉でものを考えたり、小説を書いたりすることの経験が描かれています。私が気に入っているのは、辞書無しで「未知の言語からの翻訳」をするお話です（詳しくはネタバレなので秘密）。

注意してもらいたいのは、エクソフォニーのために旅をする必要はないことです。みなさんの中には、日本語が母語で英語が初めての外国語の人が多いかもしれませんが、韓国語や中国語やそれ以外の言葉が母語の人もいることでしょう。さらには、同じ日本語でも自分の使う日本語と友達の日本語は少し違っていますね。それに気づくことも母語の外なのです。外に出ることは、異なる人々とともに今までとは異なる考え方を始めるきっかけなのです。

最後に紹介するのは、ダン・アリエリーという行動経済学者の『ずる』です。行動経済学とは心理学と経済学の混じった学問で、人間の経済的行動を心理学で分析する新しい学問です。講義の中で紹介したリスクの問題は行動経済学でも深く研究されています。この本の特徴は、不正を道徳的な悪人だけがする特別なこととして扱うのではなく、時と場合によっては誰にでもあり得る行為として研究している点です。しかも、実験でそのことを証明しているのです。

たとえば、偽ブランド品を身につけると不正をしやすくなるという結果など、面白い実験が満載です。

こうした常識を疑う新しい研究は、悪を非難する態度をいったん保留して道徳的善悪の判断の外に出ることで可能になるのでしょう。「はたして本当か」と何でも疑ってみるのが学ぶことの始まりなのです。ただし、「創造的な人であるほど不正が多い」との実験結果も紹介されており、皆さんも創造的過ぎてズルしないようにご用心。

考える方法

鹿島茂

かしま・しげる

一九四九年神奈川県生まれ。東京大学大学院文学研究科博士課程修了。共立女子大学文芸学部教授を経て、二〇〇八年より明治大学国際日本学部教授。九〇年代より執筆活動を始め、九一年『馬車が買いたい！』でサントリー学芸賞、九六年『子供より古書が大事と思いたい』で講談社エッセイ賞、九九年『職業別パリ風俗』で読売文学賞等を受賞する。その他に『パリ時間旅行』『神田神保町書肆街考』『悪女入門』など多数。

何のために考えるのか

今日は「考える方法」というタイトルでお話をします。しかしその前に「なぜ考える必要があるのだろうか」ということを考えてみたいと思います。

皆さんも学校で先生から「しっかり考えるように」と言われますよね？　では、何のために考えるのか。考える目的とは何かということまで考えろとは言われない。

今日は一つそこのところにまず問いを立ててみたいと思います。

しかし、このことを考えだすとものすごく時間がかかるので、とりあえず、私が仮説として出した答えを披露してみましょう。

何のために私たちは考えるのか？　それは「自分にとって何が一番得なのか、それを知りたい」からなんです。

え？　そんな功利的な答えでいいの？　そう思うかもしれません。いくらなんでも、考えることの目的がそんな利己的なことでいいの？

ところが、考える目的というのを徹底的に考えていくと、結局、それしかないんです。これこそが、あらゆる考えることの原点なんです。人間は自分の得にならないことは絶対にしません。そこのところを、まず押さえておかなければいけません。

ところで、不思議なことに、「自分にとって何が一番得なのか」ということを徹底的に考えると、答えは「自分にとってだけ一番得になること」からどんどん遠ざかっていくのです。ただ、中学生、高校生の段階で「自分にとって一番得になることは何だろう」と考えると、単純な答えしか出てこないのは仕方ありません。まだ、考えるための方法を学んでいないからです。しかし、中学生、高校生でも、ものごとをしっかり考えるたちの人には、「自分にとって一番得なこと」というのは決して単純なことではないことがわかってくるはずなのです。

実をいうと、これが「哲学」なのです。「考えるとは何だろう」「自分にとって一番得なのは何だろう」という問題を、とことん突き詰めて考えていくと、それは自動的に哲学になってしまうのです。

しかし、今はそこまで行かなくてもいいでしょう。

「考えろ、と言われたって、いったい、考えることが何のためになるのだろう」という疑問だけを心にとめておいてください。

家族形態の違いが「考える」ことに影響を及ぼす

日本の社会は今、劇的に変わろうとしています。どのように変わろうとしているのでしょうか。日本が開国して明治元年から数えて一五〇年になりますが、江戸時代までの社会と、開国以後の社会ではかなり違いますし、また、戦後、アメリカ的なライフ・スタイルが入り込んできてからは、考えるということ自体の目的がまったく違ってしまいました。

何のために考えるのか。それは先ほど言いました。「自分にとって何が一番得なのか」を考えることです。しかし大昔からそうだったわけではありません。

第一、「自分にとって」と考えること自体が、私たちが明治以後、西洋的な考え方を取り入れたことの証拠なのです。江戸時代までの考え方には、「自分にとって」という思考はなかったからです。

エマニュエル・トッドというフランスの家族人類学者がいます。彼は次のようなことを言っています。

西洋、なかでも英米やフランスといった国と日本はいろいろ違うのだけれど、もっとも根本的な違いは、家族形態の違いだ。家族形態の違いが、現在の私たちの「考える」ことにまで影響を及ぼしているのだと。

つまり、こういうことです。

イギリス、アメリカ、フランスを中心とした国の家族形態は「核家族」です。お父さん、お母さん、子どもの組み合わせが家族の最小にして最大の単位を形づくっています。子どもは大きくなって独立した生計を営むようになると親元を離れ、結婚して新しい家庭をつくる。成人した未婚の子どもでもあまり親と一緒に住むことはない。子どもが独立した時点で、親子はそれぞれの人格を認め合って互いに干渉しなくなる。そんな家族形態が、核家族というものです。

それに対し、日本、韓国、ドイツ、スウェーデンといった国の家族形態は「直系家族」といいます。これは、子どもが成長して生計を立てられるようになっても、親はそのうちの一人の子どもと同居するという家族形態です。結婚して子どもができても、おじいさん、おばあさんと同じ屋根の下に住む。他の子供は結婚すると家から出ていきます。こういうタイプの「親・子・孫」の縦型の家族が「直系家族」と呼ばれる形態です。

日本には「二世帯住宅」というものがありますね。これは、もともと直系家族だったものが核家族的に変化したけれど、完全な核家族にはなれないということで、便宜的に発明された住居形態です。したがって、フランスやイギリスには、そもそも二世帯住宅という言葉がないし、そういう住居もない。そんな考え方はないからです。子どもが独立したら、同じ町に住むことはあっても、隣には住まないし、ましてや同じ屋根の下には住まないのです。

その代わり、独立したらもう、お父さん、お母さんに頼ることはありません。経済的に親がすごい金持ちでも子どもは貧乏なんてこともあるし、その反対もあります。いずれにしろ、独立以後は、完全な自由を得る代わりに、すべて自分で決めたことの責任は自分一人で引き受けなければいけない、一面では厳しい社会です。

ところで、戦後、日本は、そういうタイプの核家族的社会へ移行すべきだと考えたのですが、あくまで意識のレベルにとどまって、無意識のレベルには達していません。無意識ではあいかわらず直系家族のままなのです。

ただ、社会の表面の部分では、核家族への移行は始まっているし、移行は必然的なものです。というのも、直系家族型の家族形態とは対立するけれど、核家族型の家族形態とは相性のいい社会システムが戦後、アメリカニズムとともに日本の社会に入ってきたからです。

それは英米型の「マネー資本主義」です。このマネー資本主義のすごいところは、国境を軽く越えていくということです。世界通貨であるドル（マネー）を持っていれば、どんな辺境にいってもドルでものが買えます。これが現在、マネー資本主義とかグローバル資本主義と呼ばれるもので、世界中のモノを買い占めては市場を混乱させ、売り抜けては大儲けしているのです。

その結果、それぞれの国が固有の家族形態と文化を持っていても、このマネー資本主義が入り込んでくると、どんどん均一的な方向に変化していきます。最終的には、世界中がマネー資本主義と最も相性のいい家族形態、つまり核家族形態に近づいてくることになるのです。

ところが、意識のレベルにおいては、核家族とマネー資本主義で世界中が支配されはするのですが、無意識のレベルとなると、そうはいかない。というのも、長い間、それぞれの国特有の家族類型でくらしてきたため、個々人の考え方を超えた集団的なレベルでの考え方がその特有の家族類型の影響を受けて固定してしまっているからです。そのため、表面のレベルでは核家族類型の考え方を受け入れても、無意識のレベルでは前の家族類型の考え方が強く残っていますから、この二つの間で矛盾が生じ、軋轢が起こることになるのです。

以上が、エマニュエル・トッドの言っていることです。

「考える」とは答えのないことについて考えること

日本を例にとって考えてみましょう。日本は直系家族類型です。あるいは少し前までは直系家族でした。そのため、この直系家族の考え方、メンタリティーが強く残っていて、私たちの無意識を規定しています。

どんなふうに規定しているかというと、一つは、「自分の頭で考える」ということをしないということです。

直系家族の特徴は、自分の頭で考えなくとも、誰か他の人が考えてくれるという点にありました。お父さん、あるいはお母さんの言う通りにしていれば、それで良かったのです。「この学校があなたに一番向いているから行きなさい」「この会社がいいから入りなさい」「この人と結婚するのが一番いいから結婚しなさい」と、そんなふうに、お父さん、お母さんが人生の大事なことまで全部決めてくれたのです。そういう社会が日本にもかつてはあったし、あるいは、今もあい変わらずあるかもしれません。

これに対して、核家族類型の国というのは、親と子どもの関係が権威主義的ではなく、切れていますから、親が子どもにいちいちああしろこうしろと命ずることはありません。そのため、子どもは自分を守るために自分の頭で考えることを学ばざるを得ないのです。こうした核家族類型の思考法が産んだ物語の典型が『ロビンソン・クルーソー』です。

ロビンソン・クルーソーは、無人島で誰も助けてくれない状況でサバイバルするために、徹底的に自分の頭で考えて行動する他はありません。核家族類型の子どもと同じ立場なのです。

このロビンソン・クルーソーの物語を読んでわかるのは、何をどうすれば一番自分に得になるかを日々考えるということが考えることの本質だということです。

言い換えると、すべて自分の責任で、リスク（危険＝もし失敗したらどれほど損するか）とベネフィット（便益＝もし成功したらどれくらい得するか）をはかりにかけて、最小リスクの最大ベネフィットを得る方法を考えるということです。これがまさに核家族類型の産んだ考え方、マネー資本主義もそこから生まれたのですが、マネー資本主義の浸透とともに、いまや、この考え方が世界水準になりつつあるのです。

ところが、長い間、直系家族でやってきた日本人は、この「自分の頭で考える」ということ、つまり、リスクとベネフィットをはかりにかけながら短期的ではなく長期的にみて何が一番自分にとって得になるかを考えることが一番苦手なのです。それは当然です。「自分の頭で考えるな」と親や先生から言われ、自分の頭で考えたくても、その方法を教えてもらっていないからです。ですから、日本で親や先生から「自分の頭で考えろ」と言われたら、「でも、自分の頭で考える方法をならっていないからできません」

と答えていいのです。だって、実際に教えられていないのだから、仕方ないじゃないですか？

そうなんです。「考えろ！」と言われたって、「どうやって考えたらいいの？」と思いませんか？　そこが一番の問題です。

日本の教育では、残念ながらあまり考える方法を教えません（この桐光学園は違うと思いますが）。それは、日本の学校で教えるのは試験勉強が主だからです。試験には必ず正解があります。日本では、正解がない試験問題をつくってはいけないことになっています。例えば正解のない入試問題をつくったら、まず予備校や高校から文句が出ますし、文部科学省の指導が入ります。そんなですから、考える方法を教えたりするよりも、簡単に正解に到達できる方法を教えて、覚えさせたほうがいいということになります。

しかし、本当に「考える」ということは、答えがないことについて考えることなのです。ところが、日本の学校では、覚えることは教えるけれど、考える方法については教えないのです。

皆さん、「試験があって大変だな」と思っているでしょう？　でも、実をいうと、試験なんて楽なもんですよ。答えが決まっているからです。答えのない試験はありません。必ず正解がある。それを考えればいい。こんな楽なことはありません。

でも、これから皆さんが学校を卒業し社会へ出ると、正解のないことを考えなければいけません。社会は正解を用意してくれてはいないからです。

それゆえ、正解のないことを自分の頭で考えるには、「考える方法」を身につけることが第一なのです。

理性的に考えるための方法がある

「考える方法」なんてあるのでしょうか。ある、と言った人がいます。

ルネ・デカルトという一七世紀の哲学者です。太陽王ルイ一四世の時代に生きたデカルトが自分の頭で徹底的に考えたあげく、『方法序（叙）説』という書物で「考える方法」はある、と述べました。

『方法序説』の冒頭でデカルトは〝bon sens（ボン・サンス）〟という言葉を使っています。これは日本語では、「良識」と訳されますが、あまり正しくありません。むしろ、はっきりと「理性」と訳すべきでしょう。別のところで、デカルトはボン・サンス＝理性と言っていますから。

理性は人間にもっとも公平に分配されている。デカルトはこう述べています。その証拠に、「私には理性の配分が少ない！」と文句を言う人は一人もいない。例えば、体力的に速く走れない、といったことで文句を言う人はいるかもしれないが、「理性が足りない！　なんでもっと理性をくれなかったんだ！」と神様に文句をいう人はいない、というのです。だから、〝bon sens〟＝「理性」は各自に最も平等に分配されているものである、というわけです。

にもかかわらず、理性的に正しい考え方のできる人がいる一方で、短絡的で誤った考え方しかできない人もいる。その差は何かというと、理性の使い方、つまり「考える方法」を知っているかどうか、ということにつきる。したがって、私が構想している本で、その理性を正しく使って考える方法を述べることにする。この部分はその序説である、というのが『方法序説』のタイトルの由来です。ですから、内容を汲んで説明的なタイトルにすれば、『理性的に考えるための方法序説』ということになります。

何であれ、方法を知っているのと知らないのとでは、まったく結果が違います。先ほど述べたように、水に溺れても泳ぎ方を知っていれば大丈夫。知らなければ助かりません。

それと同じことで、考える方法を知っていれば、どんな状況が起ころうとも、その状況に応じて理性を働かせ、対処することができるはずです。だから、もし理性が誰にも平等に分配されているのなら、そして、考える方法が全員に正しく教えられているなら、誰もがより正しい判断を下し、より正しい行動を取れるに違いない。

これがデカルトが『方法序説』を書いた目的なのです。

理性とは「正しく損得勘定を働かせる」こと

では、この「理性」とは何でしょうか。あからさまに言ってしまえば、まさに先ほどの「自分にとって一番何が得か」ということに他なりません。理性＝正しい損得勘定、と極端に言い切っても悪くないと思います。理性が万人に等しく分配されているなら、本来、誰でも正しく理性を働かせて正しい損得勘定ができるはずなのです。

こう言うと「利己的」「利己主義」のように聞こえます。しかし、民主主義だろうと資本主義だろうと、どんな社会システムであれ、すべては理性による損得勘定で動いていることは間違いようのない事実なのです。

ただ、自分にとっての得、その得の範囲が、人によっていろいろ違うということなのです。

正しく損得勘定のできる例を一つ、あげましょう。

駅のホームで電車を待つ行列。もし私たちが短絡的で誤った思考を働かせれば、行列など無視して行列に割り込むのが一番得です。

しかし、全員がそんなことをしたら、大混乱が起きます。電車のドアが開くたびに、より腕力の強い人が、他の弱い人を押しのけて乗り込んでしまいます。すると、そのたびに大変なエネルギーのロスが生じます。そのエネルギーのロスは、腕力の強い人にとっても損になります。そして、こうした事態は、実際にやってみるまでもなく、誰でも「理性＝損得勘定」を働かせればわかることなのです。

だから、たとえ自分が少し待っても、行列を守って並んだほうが得。これが正しい損得勘定というものです。

実をいうと「法律」や「国家」の成り立ちもそこから来ています。全員が一番得をするにはどうしたらいいのか。それを考えてできたのが法律であり、国家なのです。こうした考え方を、ホッブズやルソーにならって社会契約論と呼びます。

すべてを疑い、比較して差異と類似を発見する

さて、いよいよ本題に入りましょう。

デカルトが『方法序説』で述べている「考える方法」には四つの原則があります。たった四つの原則を守ればいいのです。

一．すべてを疑おう
二．分けて考えよう
三．単純で分かりやすいものから取りかかろう
四．可能性をすべて列挙、網羅しよう

これが四つの原則です。実をいうと、これは、デカルトの時代から今日に至る科学の世界を築いてきた基礎でもあります。

「一．すべてを疑おう」。あらゆる観点から見てどうにも疑う余地がないところに至るまでは、どんなことでも疑ってみる。人から絶対に正しい、と言われても、とりあえず疑ってみる。この第一原則はデカルトの懐疑論と呼ばれ、現在では当たり前の考え方になっています。しかし、そうはいうものの、私たちは普段の生活では、食品の賞味期限から新聞やテレビの報道まで、誰も何も疑わずに暮らしています。すべてを疑い始めたら、大変なことになって、きりがないからです。誰もが「そんなこと当たり前じゃないか。疑う必要なんかない」と思うから、世界は動いているわけです。

ところが世の中には変わった人もいます。アイザック・ニュートンという人は、リンゴの実が木から落ちるのを見たとき、突然、おおいなる疑いにとらえられました。普通の人なら、リンゴの実が熟したら落ちるのは当たり前、と思います。しかしニュートンは違いました。なんらかの力が働いて、リンゴが落ちたのではないかと考えた。そうして万有引力の法則を発見したのです。すべてを疑うところから始めたわけです。

すべてを疑う。この原則に物事を照らし合わせて最後に合格したものだけを残して、次のステージに進む。つまり日本語でいえば「徹底吟味する」。これが第一原則の意味です。

第二原則の「分けて考えよう」も重要です。デカルトの第二原則の正しい意味は、物理や化学ではできるかぎり小さな部分に分けていくと考えやすいということで、この考え方を後の化学者が応用した結果、分子、原子、量子といったものが発見されたのです。

しかし、私はこの「分けて考えよう」をもっと広く捉(とら)えることを提唱したいと思います。というのも、分けて考えることができないと、すべてがごちゃまぜになって、どこから手をつけたらいいかまったくわからなくなってしまうことが多いからです。

では、どのように分けて考えればいいのでしょうか。あるカオスを前にして、これをどうやって分ければいいのか考えてみる。そのときに使われる手法が「比較」です。比較から発見できるのは「差異」と「類似」です。これとこれは違う。これとこれは同じだ。

子どもが積み木を三角、四角と分けます。実はこれ「比較による差異と類似の発見」の遊びです。この手法を子どもは遊びから自然に身につけます。

「じゃんけん必勝法」を法則に基づき考えてみる

次は、もう少し身近でわかりやすい例を挙げましょう。

自分にとって何が一番得なのかを知りたいから人は考える、とさきほど言いました。「得になる」という意味で、最も単純素朴に考えると、偶然を支配している必然を知ることができたら、それが、一番得になるはずです。だから、みんな、宝くじで絶対に当選する番号を知る方法、競輪・競馬必勝法などという本が書かれたりするわけです。もちろん、そうした必勝法のほとんどはまやかしなのですが、しかし、偶然を支配しているかに見える賭け(か)の中に、人間的要素が入っていたら、それはかならずしも、疑似科学とはいえなくなる。むしろ、心理学の分野に近づくことになる。

さあ、私は何を言いたいのでしょう?

それは、じゃんけん必勝法はあるか否かを、先ほどの「分けて考えよう」の原則に則(のっと)って考えてみようということです。

じゃんけんは偶然が左右する勝負。これが常識かもしれません。でも疑ってかかりましょう。本当に偶然の結果なのだろうか、と。

じゃんけんをするとき、よく「最初はグー」と始めますよね？「最初はグー」で「じゃんけんポン！」とやるわけですが、ここで、「最初はグー」で始まるじゃんけんの結果を「あいこでしょう」の場合も含めてすべて記録しておくことにします。そして、次は「最初はパー」として、これも同じようにすべてを記録しておきます。最後は「最初はチョキ」で、これも同じように記録を取ります。

そうすると、あら不思議、統計を取って、それをコンピューターにかけると、ある有意味的な結果が出てくるのです。

実はこれ、「分けて考えよう」の原則を応用して、じゃんけんをスタート時のカテゴリーで三つに分けて考えているのです。すると何がわかるでしょうか。

「最初はグー」で始めると、次にパーを出す人が多い。なぜだかわかりますか？「最初はグー」だと、相手のグーが頭に入っているから、人は無意識のうちに「グーに勝てるのはパーだな」と考え、とっさにパーを出してしまうことが多いのです。だから、統計を取ると、「最初はグー」の次は二人ともパーを出して「あいこでしょう」になる比率が高いのです。

同様に、「最初はパー」で始めると、今度はチョキを出す人が多くなり、「最初はチョキ」で始めると、グーを出す人が多くなる。三つに分けて統計を取ると、明らかにそういう結果が出ます。

「あいこでしょう」となって勝負が長引く場合もほぼ同じことが観察されます。

ということは、「最初はグー」で始まるとしたら、相手はパーを出すことが多いから、チョキを出せば勝てる。「最初はパー」なら、相手はチョキを出す確率が高いから、グー。「最初はチョキ」ならグーを出すはずだから、パー。

さあ、わかったでしょうか、いずれも一つの法則に基づいていますよね。「最初はグー」ならチョキ、「最初はパー」ならグー、「最初はチョキ」ならパーということは「最初は〇〇〇」の「〇〇〇」に「負ける」ものを出せばいい。これがじゃんけん必勝法です。

皆さん、やってみてください。かなり高い確率で勝てるはずです（もちろん、この必勝法を全員が知ったら勝てなくなりますけれど……）。なかには、なんにも考えないで、完全ないきあたりばったりに出す人もいますから、そういう人がいたら、この必勝法は通用しませんが。

さて、以上のじゃんけん必勝法の研究は、じゃんけんの勝負は偶然の結果という、誰もが疑わない前提をとりあえず疑ってみるという「すべてを疑え」の第一原則から始まって、第二原則の「分けて考えよう」にしたがって、グー・チョキ・パーを分けて比較検討してみたら、人は相手の出すグー・チョキ・パーに影響されるという結果が出て、そこをさらに追求した結果、「最初は○○の○○に負ける手を出せば勝つ確率が上がる」という法則が発見されたという「考え方の筋道」を示しています。

これが「考える」ことの基本です。そして、この「考え方の筋道と、考えた結果」を書き表したものが「論文」です。

論文は「考える方法」の実践

私は大学の新入生に論文の書き方を教える授業を受け持っていますが、それは論文というのは今述べたようなデカルト的な「考える方法」に基づいているから、「論文の書き方」を教えれば、デカルト的な「考える方法」も同時に教えることができるからなのです。今は時間がないので、論文の書き方とデカルト四原則の対応を全部、お話しすることはできませんが、かいつまんで要点だけをお話ししておきましょう。

例えば、デカルト四原則の第三原則「単純で分かりやすいものから取りかかろう」についてですが、これは論文の構成と深くかかわっています。論文というのは、どんな場合でも少なくとも三章に分ける約束になっていますが、それは第二原則の「分けて考えよう」から来ています。どれほど複雑なものでも「分けて」いけば単純になるから、とりあえず分けてみようという考え方が反映されているのです。

では、第三原則はどこに応用されているのでしょうか？

それは、分けた章の順番です。論文を書くということは、自分が発見した真理を他人にも真理として認めてもらいたいということを意味します。そのとき、説得の技術として、いきなり複雑でむずかしいことを示すのではなく、まず誰にでもわかるような単純で明確なことから話していくのが常道です。そして、その単純で明確なことに相手が同意したら、その上に、もう少し複雑なものを載せるようにして、最後は最も複雑で難解なことに至るのですが、第三原則はこの説得の順番に応用されているのです。

もちろん、第三原則そのものは、説得の順番ではなく、発見、発明のための順番を示しているのですが、ひとたび発明、発見にメドがついたら、それは説得の順番として応用することができるのです。

では、第四原則「可能性を列挙、網羅しよう」はどうでしょうか？

これは論文を書くうえで、絶対に不可欠な反論の検証の部分で使われています。

論文というのは、観察、比較検討、原因の割り出し、仮説というそれぞれの部分で、自分と違う考えの人がいるものと仮定して、その人が立てるであろう反論を撃破してゆくことが不可欠です。そのときには、考えうるありとあらゆる反論を予想しなければなりません。第四原則「可能性を列挙、網羅しよう」はこの部分で応用されているのです。

そして、この原則の適用が不十分だと、その論文は説得力に欠けると判断されることになります。

このように、論文の書き方というのは、デカルトの四原則と基本的に重なっているので、論文の書き方を教えることが、そのままデカルト四原則を教えることにも通じているのです。

「すべてを疑う」には、まず自分から疑ってみる

さて、私はここまでの話で、根源的な問題を一つ、わざと避けて通ってきました。それは何だかわかりますか?

すべてを疑おう――「すべて」というなら、その中に「自分」を含めなくていいのかということです。すべてを疑うなら、自分も疑わなければなりません。自分だけ疑わないのなら「すべて」とはいえない。この問題はどうしましょう。

私も皆さんの年頃のときには、自分は常に一番適確な判断ができると思っていました。だから自分だけは疑っていなかった。

でも、本当にそうでしょうか。自分というものがどうやってできあがったのかを考え

てみればわかります。お父さんやお母さん、学校の先生、友だち、テレビ……いろんなものから影響を受けています。だから「すべてを疑おう」とするとき、自分の中にそうした影響によって生じた偏った考え方が存在しているかもしれないと疑ってみなくてはなりません。

そう、「自分を疑う」ことが必要なのです。まずは自分を疑ってみた後で、すべてを疑うことを始めなければなりません。

自分は日本人で、どこそこに生まれ、こういう教育を受けて、今この時代に生きている……そうしたことをすべて考えたうえで、疑い始める。別の国に生まれ、違う教育を受けて、一〇〇年前に生きていた人だったら、また別のことを考えるかもしれません。つまり、自分というものは、あくまで地理的にも歴史的にも条件を限定された一人の人間にすぎない、ということを踏まえたうえで、考えることをスタートする必要があるのです。

問いそのものが新しいか、答えが出ていない問いか

話を戻しましょう。論文の正しい書き方（＝考え方の技術）を簡単に言えば、こういうことです。「問いかけから始まり、発見に至ってその発見の意外さで驚かせる」。すべてを疑うことから出発して、ありとあらゆる客観的証拠を揃（そろ）えて検証し、仮説を立てて、どうだ、まいったか！　と結論を述べる。これが論文なのです。

最初の問いかけには二種類しかありません。一つは、今まで誰も問いかけたことがなかった、まったく新しい問い。もう一つは、いろんな人が問いかけたけれど確定的な答えの出ていない問い。この二つ以外は問いかけてはいけない約束になっているのです。

これが論文の本来のルールです。例えば自然科学の専門誌『ネイチャー』や『サイエンス』に投稿される大半の論文は一次審査で落とされます。なぜなら、すでに誰かが問いかけた問いをさも初めて発見した問いであるかのように書いている論文があまりにも多いからです。

ところで、私が「論文の書き方」の講義で以上のような話をしたときに、なかなか鋭い質問をした学生がいました。

「そんなことを言ったら、この世で後から生まれた人間のほうが損じゃないですか」

そうかもしれません。過去から現在まで問いかけは延々と続いているわけだから、後から生まれた人間ほど、新しい問いを立てるのは難しいように見えます。

しかし、私たちもまた変化しています。民主主義や資本主義といった社会システムは、共同体が不幸せにならないようルールづくりをするわけですが、集団を構成する主体が変われば、社会システムも変わらざるを得なくなります。

それと同じことで、問いかける個人が変わり、社会システムも変われば、問いそのものも変化せざるを得なくなります。したがって、新しい問いはいくらでも生まれる。問いかける主体が変わるからです。問いと答えのイタチごっこは永遠に続くしかありません。

「自我パイ一人食いOK型」の社会に移行している

直系家族型から核家族型に日本の社会は変わりつつあり、日本人も自分の頭で考えることを始めざるを得なくなっている、と最初のほうで述べました。それは、個人個人がまったく自由に独立して思考することが許される社会になった、と言い換えることができます。

そのことについて、もう少し補足しておきましょう。

個人の自我を「丸いパイ」にたとえてみます。今の社会は、この「自我パイ」をすべて自分で食べてもOKの社会です。勝手に何をやってもいい、その代わり責任はすべて自分でとる。民主主義、資本主義が発達し、核家族化して個人主義が生まれた近代社会というのは、「自我パイ一人食いOK型」の社会です。

しかし、近代以前の社会は、そうではありませんでした。丸いパイの中で自分が食べられるのは、ごく一部分。残りは、親、兄弟、親類、村落共同体、国で分けなければなりません。かつて日本もこうした社会でした。自分の取り分がわずかしかありませんから、今から比べると、ずっと不自由な社会です。

ただし、いいところもありました。自分の取り分は少なくても、親も兄弟も親戚も共同体も、それぞれの取り分を分けてくれたからです。だから「自我パイ」の取り分は、トータルでいうとそれほど人によって差はありませんでした。ただし、「僕のパイはす

自我パイ一人食い型の社会

かつての日本の社会

ごくおいしいから全部一人で食べたい」というふるまいは許されなかった。これがかつての日本の社会でした。

今は「自我パイ一人食いOK」の西洋タイプの社会に移行しています。自分のパイはすべて自分で食べられますが、なくなっても誰も分けてくれません。自分のパイのみで生きていかなければならない。つまり、小さな自我パイが無数にある社会。それが、私たちが今向かおうとしている社会です。

みんなにとって得なことが、自分にも一番得

一人食いOKの自我パイが集合してかたちづくっている社会において、自分にとって一番得なことは何か。言い換えれば、どのように正しく損得勘定を働かせるのか。それを考えるのは、決して単純なことではありません。

「自我パイ一人食いOK型」の社会では、駅のホームで電車を待つ行列のように、お互いにルールを定め、その範囲内で常に相談しながら、社会を動かしていかなければなりません。

つまり、各々自分にとって何が一番得かを考えると同時に、社会全体にとって何が一番得で、それが自分に戻ってくるときは、どういうルートで得になるのだろうか、というところまで考える必要があるのです。

例えば土地を買って家を建てるときには、敷地の面積に対する建物の面積が決まっていて、一定の空き地を確保しなければなりません。法律で決められたこのルールを建ぺい率といいます。しかし、なるべく広い家に住むほうが得なので、みんなが建ぺい率ギリギリに家を建てると、庭が狭く緑の少ない家ばかりになる。そういうゴミゴミと建て込んだ町並みは、見た目が汚いし、地震があれば火事が燃え広がりやすく、消防車が入りにくい。

このように、みんなが自分にとって得なことだけを考え、建ぺい率ギリギリの家ばかり建ててしまった町の資産価値は下がります。すると、自分にとって一番得なことをしたつもりが、逆に一番損になってしまう。

それよりは、たとえ少し家が狭くなったとしても、みんなが示し合わせて庭を広く取り、緑を増やして、建ぺい率に余裕のある家を建てたほうが、美しく安全な町になって資産価値が上がり、自分に一番得なことになるわけです。

こういうことをみんなの頭で一生懸命考えなければいけません。

人間は生まれつき、あらゆる職業に向いている

皆さんが将来の進路を選択するときも「自分に一番得になることは何か」徹底的に考える必要があります。

ブレーズ・パスカルというデカルトのライバルでもあった一七世紀フランスの哲学者は、著書『パンセ』でこう述べました。

「一生のうちで一番大事なのは、どんな職業を選ぶかということ、これに尽きる」（断章九七）

だから徹底的に考えて職業を選ばなければいけません。しかし多くの人は、あまり深く考えずに職業を選んでしまう。では、それがいけないことかというと、そうでもないとパスカルは言っています。

パスカルは先の文章を「ところが、それ（職業選択）は偶然によって左右される」と続けています。さらに、もっと重要なことも言っている。

「人間は、屋根葺き職人だろうとなんだろうと、生まれつき、あらゆる職業に向いている。向いていないのは部屋にじっとしていることだけだ」（断章一三八）

つまり、人間はどんな職業にも就ける、ということ。どんな職業に就いても、その仕事がおもしろく感じられるならOK。人間が一番困るのは、一カ所に閉じ込められて、何もやることがない状態。そうなると人間は生きて行けない。

人間に必要なのは「気晴らし」だとパスカルは言っているのですが、一カ所に閉じ込められてしまうと、気晴らしができない。だから、生きていくのは難しい。しかし、どんな仕事でも、それが気晴らしになればゲームの快楽も同じことで生きる糧になる。創意工夫して困難を乗り越えたときの喜び、幸せは、すべて気晴らしという一点で遊びと同じなのだと。

パスカルの「気晴らし理論」からすれば、デカルトの「考える方法」も極端にいえば気晴らしかもしれません。人間に与えられた考える能力というのも気晴らしの一つなのかもしれないのです。

しかし、この考える能力という気晴らしには一つ素晴らしいことがあります。私がこれから何年間か刑務所に入らなければいけないとします。でも、考える方法を身につけていたとしたら、本もゲームもテレビもなにもない空間にたった一人閉じ込められても、ゲームをしているのと同じような気持ちで、「考える」という気晴らしに熱中し、その究極の孤独を満喫して、刑務所生活をエンジョイできるかもしれません。

最後に一つ、プレゼントのおまけ。

皆さんに勉強必勝法を授けましょう。

さっき、すべてを疑う前に自分を疑え、と言いました。実は自分が一番当てにならないのです。ですから必ず自分は間違いを犯すという前提で勉強することが必要です。必ず自分は間違いを犯すという前提でいけば、勉強で一番大切なのは、すでに犯した間違いであるということになります。自分が間違えたところを、二度と間違えないようにすれば、点は確実に稼げます。これが勉強必勝法です。

試験というものは、だいたい六五〜七〇点を取れば、合格します。六五〜七〇点を取るには、他の人が知らないことを知るよりも、自分が絶対に二度と同じ間違いを犯さないように努力することが必要です。だから、自分の間違いこそ、一番の宝になります。間違えた答案用紙。これほど重要なものはありません。

二度と同じ間違いを犯さないようにする。それだけで、だいぶ点数が上がるはずです。さあ、試験も近いようです。この「自分から疑え」の原則に則って、いい点を取るようにこころがけてください。

（この授業は二〇一三年八月三一日に行われた）

◎若い人たちへの読書案内

私の中学・高校時代は一九六〇年代に相当します。横浜のはずれで酒屋を営んでいた実家はおよそ知的とは言えない環境で、家には本と呼べるような本は一冊もなかったと記憶しています。

本らしい本と遭遇したのは、中学二年の夏休みに読書感想文の提出を求められたときのことです。私の町には書店は一軒もなかったので、隣町の本屋に行き、指定されている芥川龍之介の本はないかと書店主に尋ねたところ、それなら筑摩書房版『現代文学大系』の第一回配本が『芥川龍之介』なので、これがお得だと勧められ、ついでに予約購読の申し込み書を渡されたのです。私は文学のことなどなにも知りませんでしたが、堅牢な函入り装丁の文学全集にいたく感激し、経済的に難しかったにもかかわらず親の許可を得て予約購読を申し込みました。以後、毎月一冊、『現代文学大系』が届けられ、雑誌を読むようにして明治以来の日本文学を網羅した『現代文学大系』六九巻を読んでいったのです。『現代文学大系』のおかげで、配本された順にそれぞれの巻を最初から最後まで読むというある意味「体系的」な読書ができたのは幸運でした。

藤沢の高校に入学してからは、横浜の実家から一時間半かけて東海道線で通いました。横浜から藤沢への電車はすいていましたので快適な読書が出来ました。高校の図書館には新潮社、河出書房、三笠（みかさ）書房などの世界文学全集が揃（そろ）っていました。私は、通学の行き帰りには図書館で借りた世界文学全集を読み、家では『現代文学大系』を読むことにしました。その結果、高校を卒業するころには一端（いっぱし）の文学青年となり、大学は文学部進学コースの教養学部文科三類を選びました。つまり、中学生のときに偶然出会った『現代文学大系』が私の進路を決定したのです。

というわけで、推薦図書の筆頭にはこの筑摩書房版**『現代文学大系』**を推したいと思います。現在、ネット・オークションでは六九巻完全セットでなんと一〇〇〇〇円前後で出ています。送料を入れたとしても、世の中でこれほど安い買い物はないでしょう。中学生でも小遣いで十分買える値段。最小の投資で最高の利益を得ることのできるアイテムであることは確かです。

次に推したいのは、世界文学全集の中から**ショーロホフ**の**『静かなドン』**。これはいまでは誰一人読む者はいなくなってしまった社会主義リアリズムの大長編ですが、ロシア社会の基層部を知るのにこれ以上の参考書はありません。

最後にフランス文学から一冊ということであれば、なんといっても**バルザック**の**『ゴリオ爺（じい）さん』**（私の翻訳では『ペール・ゴリオ』）でしょう。最初の三〇ページを我慢して読み続けることのできた人には限りなく豊饒（ほうじょう）なバルザックの「人間喜劇」の世界が開かれていますから、是非、挑戦してみてください。

学び続ける原動力

池上彰

いけがみ・あきら
一九五〇年長野県生まれ。七三年慶應義塾大学経済学部卒業後、NHKに放送記者として入局。松江放送局、呉通信部、東京の報道局社会部の記者を経て、八九年より首都圏向けのニュースキャスター、九四年より『週刊こどもニュース』の編集長兼キャスターを務める。二〇〇五年NHKを退職後、フリージャーナリストに転身。名城大学教授、東京工業大学特命教授、東京大学客員教授。書籍・雑誌連載の執筆活動の他、テレビでも活躍。著書に『池上彰の憲法入門』『そうだったのか現代史』『世界を変えた10冊の本』など多数。

スリルとサスペンスに満ちた『週刊こどもニュース』

私は一九九四年四月から二〇〇五年三月までの一一年間、NHK総合テレビの番組『週刊こどもニュース』でお父さん役を務めました。『週刊こどもニュース』は、小・中学生の子ども役三人とお母さん役の女性と一緒に、世界のさまざまなニュースをわかりやすく伝える番組です。

それ以前は首都圏向けのニュース番組でキャスターを務めていました。しかし、私はそもそもNHKの記者です。テレビに出演するよりも、現場で取材してアナウンサーが読む原稿を書く仕事のほうがずっと楽しいと思っていました。ですので「なんとかスタジオでの仕事は外してほしい」と頼んだものです。

願いが叶(かな)ってニュースキャスターを辞められると思ったら、『週刊こどもニュース』のお父さん役をやることになってしまいます。

『週刊こどもニュース』を担当していた頃、よく聞かれたことが二つあります。一つは「いつ収録しているのですか?」という質問です。『週刊こどもニュース』は完全に生放送です。収録だったら「撮り直し」ができますが、生放送ですのでそうはいきません。子どもたちに何を聞かれてもきちんと答えなくてはなりません。大人だったら「そろそろ放送時間も終わりだから、新しい質問はしないでおこう」と考えるのですが、相手は子どもなのでそうはいきません。私が「そろそろまとめに入ろうかな」と思っているときにかぎって、子どもたちは「あのさぁ〜」と次の質問をするのです。私は「うわー、何を言い出すのだろう？」と戦々恐々です。『週刊こどもニュース』はスリルとサスペンスに満ちた番組だったのです。

しかし、今思えば、テレビの番組でどんな質問が出てくるかわからない状況でもとりあえずなんでも答えられるようになったのは、『週刊こどもニュース』の子どもたちのおかげだと思っています。

もう一つの質問は「放送のない日は何をしているのですか？」というものです。「ほかの日は何もせず遊んでいるのですよー」と冗談で答えたら「それはうらやましいご商売ですね」と真顔で言われたことがあります。そんな楽な仕事があるわけないですよね。テレビに出ない日は『週刊こどもニュース』で取り上げるニュースを選び、子どもにもわかるようにどうしたらいいのかをひたすら考えていたのです。

つまり私の役回りは『週刊こどもニュース』という番組をつくるための裏方でした。裏方仕事のついでに番組に出ていたわけですね。

難しい問題をわかりやすく伝えられない専門家

『週刊こどもニュース』を続けているうちに「ニュースを解説する本を書いてみませんか」というお誘いがくるようになりました。引き受けてみると、やっぱり楽しいのね。記者ですからテレビに出て恥ずかしい思いをするよりも、本を書いていたほうが何倍も楽しいことに気づきました。

「二足の草鞋（わらじ）を履く」ということわざがありますが、テレビの仕事をしながら本を執筆するのは、とても大変です。昼間はＮＨＫの仕事をしていますから、原稿を書くのは勤務を終えた夜遅くや休日になります。「さあ、もう少しで書き上がるぞ」と思っても、次の日の朝早くにテレビの仕事があるので書くのを中断しなければいけない。それが積み重なるとストレスになってきます。

あるとき、「ＮＨＫを辞めてしまえば本を書く仕事に専念できるじゃないか」と気づきました。そこで二〇〇五年にＮＨＫを退職します。『週刊こどもニュース』も辞めました。そして真っ先に中東のイランに取材に行きました。自由に、自分でいろいろな場所に取材に行き、本を書くという仕事を始めたんですね。

ＮＨＫを辞めて気づいたのは、『週刊こどもニュース』のようにニュースをわかりやすく解説する仕事が世の中に求められていたということです。退職後、いろいろなお誘いがありました。

私自身も感じたことがあります。二〇一一年三月一一日に東日本大震災が起きましたね。福島第一原子力発電所の事故もありました。いろいろな学者が出てきますが、専門用語をそのまま話すのです。いきなり「ベクレル」とか「シーベルト」とか言われてもよくわかりませんね。原発事故はただでさえわかりにくいのに、専門用語がどんどん出てくるのです。

何が起きているかわからないから、みんな不安なわけです。だから藁（わら）にもすがる思いでテレビをつけて専門家の話に聞き入るのに、その専門家の話がまったくわからない。

それでさらに不安になるという悪循環を原発事故に関する報道で目にしました。「これではいけない」と私は思いました。

しかも、文科系の人は放射線と放射性物質の違いもわからない。日本社会は文科系と理科系がはっきり分かれてしまって、相互の交流がない。これもよくないのではないかと考えていました。

するとある日、東京工業大学の先生たちから「ちょっと会ってくれませんか」というお誘いがありました。会ってみると「学生たちに社会科、あるいは世の中のさまざまな仕組みを教えてほしい」と言われたのです。東京工業大学の学生は理科系のたいへん優秀な人ばかりです。しかし、社会科が苦手だったり、世の中のしくみに弱かったりと、そんな傾向があるそうです。文科系と理科系の分断は問題だと思っていましたので、学生の視野を広げる仕事を引き受けたのです。

自分の夢をあきらめない

さて、そもそも私はどうしてこのような道に進んだのでしょうか。私の人生を決めたのは一冊の本でした。新聞社の支局で仕事をしている記者の様子を綴ったドキュメンタリー『続　地方記者』です。小学校六年生のときに近所の本屋でたまたま見つけて読み、「地方で働いている新聞記者ってなんておもしろいんだろう」と思ったのです。

ライバルの新聞記者と特ダネを競ったり、ときには警察よりも先に殺人事件の犯人に行き当たってしまったり……。わくわくする話がいっぱい出ていました。「よし、僕も将来は地方で働く新聞記者になろう」と思ったんですね。私が小学生の頃、民間の放送局はニュースを扱っていませんでしたし、ＮＨＫもごく短時間しか紹介しませんでしたから、取材してニュースを伝える仕事は新聞記者しかできない時代だったのです。

しかし成長するにつれ、違うことをやってみたくなるものです。中学生になると気象庁の予報官になりたいと思うようになりました。今でこそ「気象予報士」という国家資格がありますが、当時は天気予報をつくったり、台風の進路を予測したりするには、予報官になるしかなかったのです。高校生になって進路を考え始めて、改めて予報官の仕事を調べると、気象大学校という理科系の学校に行かなければだめだとわかりました。その頃の私は、数学が苦手で、物理も化学も大嫌いという文科系人間になっていましたので、予報官はあきらめたのです。

ところが、後にＮＨＫに勤めると社会部で気象庁の担当記者になりました。台風が近づいてくると台風中継を担当したり、気象庁のなかで取材をして原稿を書いたりすることになります。気づくと予報官と同じような仕事をしていたんですね。また、新聞記者になりたいと思っていたけれど、テレビの記者になりました。しかし今、私はいくつもの新聞でコラムを連載しています。新聞記者にはならなかったけれど、新聞記者と同じような仕事をしているのです。

人生の選択って不思議だなと思います。みんなも子どもの頃からなりたいと思っているものがあるでしょう。野球の選手とかサッカーの選手とかね。でも、そうなれる人はほんのひと握りです。けれど、サッカー選手にはなれなくても、サッカーを扱うスポーツ誌の記者や編集者になっていたり、スポーツ用品を扱うメーカーに勤めたりという人は大勢います。ふと気がつくと、昔やりたいと思っていたことと、同じような仕事をしていることがあるのです。

本当になりたいものは、そう簡単にはなれません。でも、夢をあきらめないで努力すると、のちのち自分の夢がある程度実現したのではないかと思えることは、実はいくらでもあるのですね。

一計を案じて希望通りの赴任先に

小学生のときに憧れていた新聞記者ではなく、なぜ私はＮＨＫの記者になったのでしょうか。

大学生になった私がそろそろ就職活動をしなければという時期に「連合赤軍事件」が起きました。今では信じられないかもしれませんが、かつて日本には「武力で世の中をひっくり返してしまおう」と思っていた若者たちがいました。全国各地で銀行強盗をしてお金を集めたグループと、各地の銃器店を襲撃して銃を大量に入手したグループが一緒になり、連合赤軍を結成しました。群馬の山中で軍事訓練をしていたところを警察に見つかって逃げ、軽井沢のあさま山荘という別荘に逃げ込んで、人質をとって立てこもるのです。これが「あさま山荘事件」です。

その様子をテレビがずっと中継していました。それこそ朝から晩まで毎日です。全国の人がテレビに釘づけでした。それを見て私は「ああ、これからはテレビの時代かもしれない」と思いました。当時は新聞社とＮＨＫの入社試験日が同じ日だったのでどちらか一社しか受けることができず、ＮＨＫを選んだのです。

とはいえ、ＮＨＫも最初は地方の放送局から仕事を始めます。その意味では小学生のときに思った「地方の新聞記者になりたい」という夢に近いことが実現できたわけですね。

研修を終えると赴任地の希望を出します。もちろん希望通りになるわけではないので、一計を案じます。私は学生時代に貧乏旅行で全国を回っていましたが、島根県と鳥取県だけは行ったことがなかったので、どうせならどちらかがいいなと思いました。しかし、具体的な地名を出すとそこには行かせてもらえない可能性が高いので「西のほうの小さいまちに行きたい」と希望しました。普通は、札幌や仙台、福岡など、地方のなかでも都会といわれる場所を希望する人が多いので、私の希望は叶いました。島根県の松江放送局に赴任したのです。作戦は大成功ですね。本当にうれしくて、警察や市役所、県庁などを取材して回っていました。

山の中でライバル記者と追いかけっこ

しかし、私はどちらかというと一匹狼（おおかみ）なのです。松江放送局はアナウンサーやディレクター、カメラマンなど一〇〇人くらいが働いていましたので、「すべて一人で仕事ができる通信部に行きたいな」と思うようになりました。通信部とは、放送局からかなり離れた地域に住み込んで、二四時間三六五日、その地方のニュースを取材することが仕事です。

労働条件は放送局にいるよりも大変なので希望する人はいません。私の希望はすぐ叶うんですね。

松江放送局で山陰地方はくまなく回ったので、次は山陽地方に行きたいと思っていましたら、広島県呉市の呉通信部に配属されました。暴力団の激しい抗争事件があった街なので、こわい思いもしましたが、楽しかったですね。

その次は東京の社会部配属になりました。警視庁捜査一課と捜査三課を担当します。殺人や強盗、放火、誘拐などが専門の記者です。殺人事件が起きれば現場に駆けつけていく。たまに早く着きすぎてしまって、まだ死体があったりする。そんな取材をしていました。

事件の進捗を知るために捜査員から話を聞きたいのですが、捜査員は聞き込みで忙しくて会えないわけですね。そこで、捜査員が仕事を終えて家に帰ってくるところを待ち構えるのです。ところが、捜査員の帰宅はほとんど終電車です。聞き込みを終えて捜査本部に戻って捜査会議が始まるのが夜八時くらい。数時間話し合って捜査方針を決めて、食事をしてから郊外の自宅に戻るともう深夜です。会えたとしてもそうそう話は聞かせてくれません。情報が漏れると犯人が逃げてしまうからです。それでも感触をつかみたいので毎晩待っていましたが、困ったことは自宅の前で待てないことです。

ライバルとなる新聞記者たちも、同じように事件を追って特ダネをものにしたいわけです。だから私が捜査員の家の前で待っていたら「NHKの記者が会いに行っていますよ」とその捜査員の上司に密告するかもしれません。捜査員は異動させられ、私は情報源を失ってしまいます。となると、捜査員に迷惑がかからないように家から離れた場所で待つしかありません。例えば、住宅街の電信柱の陰に立ったりしてね。これは怪しいですよね、相当怪しいはずです……。夜遅くに私がじっと待っていると、一人暮らしの女性は怖がって一一〇番通報する。パトカーが来て「お前、そこで何やっているんだ」と職務質問を受けるわけです。でも、「ここで捜査員が帰ってくるのを待っているのです」なんて口が裂けても言えません。パトカーの乗務員を通じて情報が回れば、捜査員に迷惑がかかります。そこで「友だちが帰ってくるのを待っているところです」としらばくれるのです。

そうそう、東京の町田市の山のふもとに住む捜査員の家のそばの木の陰に隠れていて、ライバルの新聞記者に見つかりそうになったことがありました。私が先に気づいたので逃げ出したんですが、その記者も「あれはどこの誰だ?」と追いかけてくるわけですね。大の大人が夜中に町田の山の中で追いかけっこをするなんておかしいですよね。このときはなんとか撒いて事なきを得ました。

このように特ダネをかけてやり合うのですが、それでもやっぱり他社に抜かれることは多いのです。テレビで「警視庁記者クラブからお伝えしました」という記者のレポートを見ると格好よく感じるかもしれませんが、画面に映らないところで日々そういうことを繰り返しているのです。

捜査員を待ちながら英会話と経済学を勉強

夜九時、一〇時に捜査員の帰りを待っているうちに「時間がもったいないな」と感じるようになりました。そこで思いついたのはＮＨＫの英会話のテキストを読むことです。街灯の下や自動販売機の前なら文字は読めます。そこで英会話のテキストの例文を一生懸命に覚えました。次にテキストを閉じて、例文を暗誦（あんしょう）して覚えるのです。暗いところを歩きながら、ぶつぶつ英文をつぶやいていました。

私が大学生のときは一ドルがまだ三六〇円でした。「死ぬまでに一度は海外に行きたい」という時代です。駅前留学なんてなかったですし、ＮＨＫのラジオを聞くしかない。それでひたすら英語を覚えたのです。英語を使って仕事をしたいと思ったわけではなく、時間がもったいないのでたまたま英語を選んでいたのです。

先週、イランから帰ってきたばかりです。ペルシャ語はできませんが、イランのコーディネーターは英語ができました。やりとりは全部英語です。私の英語はブロークンですが、でもとりあえず英語を使って取材ができます。捜査員を待ちながら勉強していたことが今になって生きています。

また、電柱の陰よりもう少し明るい場所でゆっくり本を広げられるときもありましたので、そういうときは経済学の本を読んでいました。私は経済学部卒業でしたが、大学の勉強は中途半端だったという思いがありました。そこで捜査員の帰りを待ちながら、経済学の本を読んでいたのです。将来のために勉強していたわけではなく、「勉強し残したところをもうちょっとやろう」と思っただけです。

ところが『週刊こどもニュース』を担当するようになってこれが生きました。例えば「日銀が量的緩和に踏みきる」というニュースを扱うと、ゼロ金利政策や円高・円安などを子どもにもわかるように解説しなければいけない。ずっと続けてきた経済学の知識が、思わぬところで役に立ったのです。

あるいは、警察の取材をするならば、刑法を知らなければなりません。「警察が容疑者を逮捕したら四八時間以内に検察庁に身柄を送らなければいけない」、「検察庁はそれから二四時間で起訴するか釈放するか一〇日間の勾留を裁判所に求めるかを決めなければばいけない」ということが刑事訴訟法に書いてあるわけですね。仕事で必要なので勉強しましたが、『週刊こどもニュース』で凶悪事件を取り上げると警察や検察庁、裁判所の役割を解説するので、知識が生きてきました。

一生懸命にやっていたことが、後になって、思わぬかたちで威力を発揮する。そういうことがいっぱいあるんですね。

小学生のときに読んだ本と同じ経験を

警視庁を担当しているとき、こんな出来事がありました。

中学生の男の子が母親と二人で暮らしていましたが、ある朝、男の子が起きると母親の姿が見えない。どうしたんだろうと探したら、家の前の駐車場で殺されていたという事件です。警視庁の捜査一課が出動しましたが、捜査員の関心は男の子にありました。一緒に寝ていたのに、なぜ気づかなかったのか、と。男の子を調べてみると、靴下に血がついているのが見つかりました。

一方で、私は男の子の父親、殺された母親の夫が少し離れた場所で暮らしていることを知り、電話番号を入手できたので、取材のために電話をかけました。最初は「奥さんが殺されたことをご存じですか？」と話そうとしたのですが、とっさに「奥さんが亡くなられたことをご存じですか？」と聞いたんですね。すると電話の向こうで夫が「嘘でしょう！　嘘でしょう！」と言うのです。奥さんの人となりを聞いて電話を切り、先輩記者に「こういうやりとりがありました」と報告したところ、先輩が「それはおかしい！」と言うのです。

先輩曰く、「もし君が『NHKですが、奥さんが亡くなったことをご存知ですか？』と聞かれたらどうする？　普通は、いつ、どこで、どのように死んだのかを尋ねるはずだ。でも夫はそれを聞かなかった。つまり、夫は妻の身に起きたことを知っているんだよ」。……なるほど、人間の心理ってそういうものかと思いましたね。

やりとりが不審だったこともあり、夫のことを捜査員に伝えました。男の子の靴下の血は、前日に足の指を怪我したときの血だということがわかり、私に促されて夫は警察に出頭しました。夫婦はかねて折り合いが悪く別居していたけれど、夫はよりを戻したくて奥さんをたずねた。寝ている息子を起こさないように呼び出して話をしていたけれど、カッとなって殺してしまったというのが真相でした。

私は警察よりも先に犯人に接触したのです。小学生のときに読んだ『続 地方記者』と同じことをしたわけですね。そんなことあるわけないと思っていたのに、こういうことがあるんですね。

放送メディアは人の命を救うこともできる

ＮＨＫの記者として、大きな災害が起きたときも現場に駆けつけます。今でも忘れられない光景があります。

一九八三年五月に起きた日本海中部地震では一〇四人が亡くなり、そのうち一〇〇人が津波による犠牲者です。「日本海の地震では津波は起きない」とみんな思い込んでいたので、逃げ遅れた人が大勢いました。

このとき秋田県の男鹿半島の海岸に遠足で訪れていた小学生が津波に呑まれました。バスで移動していたときに地震が起きたので、地震が起きたと思わなかったのだそうです。浜辺に到着して遊んでいたときに大津波が押し寄せ、子どもたちが呑み込まれて一三人が行方不明になりました。私は東京から秋田に向かいました。

翌朝から遺体の収容作業が始まりました。山のなかの小学校でしたので、その町の消防団の人たちが駆けつけました。遺体が浜辺に運ばれてくると、消防団の人たちは誰かすぐわかるので、両親が呼ばれます。変わり果てたわが子の姿を見て、母親は泣き叫びます。検視のため運ばれる子どもに付き添って、母親は警察官と移動しますが、父親はなぜか一緒に行こうとしません。それどころか、背を向けて防風林のほうへ歩いていくのです。「あれ、どうしたんだろう?」と後からついていくと、松林のなかで父親が肩を震わせていました。声を押し殺して泣いているのです。

男は人前で涙を見せるものではない。そう言われて育ったのでしょう。わが子が亡くなったのだから泣いていいのに、みんなの前では堪える。その姿を見て、私も一緒に泣いてしまいました。しかも、そうした行動をとったのは一人だけではなかったのです。

その父親たちの姿、そして眠ったような穏やかな表情で引き上げられる子どもたち……。私は決して忘れることはできないでしょう。

一方で、こんな事実も知りました。

同じように海岸にいたものの、一人がＮＨＫラジオで大津波警報を知り、そこにいた人たちに避難を呼びかけたため、難を逃れたということでした。

後に、二〇〇一年九月一一日にアメリカで同時多発テロ事件が起きました。ニューヨークの世界貿易センタービルに最初の飛行機が激突した段階で、東京のテレビ局は実況中継をはじめました。そこに二機目の飛行機が衝突します。世界貿易センタービルでは日本人も多く働いていました。父親が単身赴任している家族が日本でその映像を見て、「すぐに逃げて！」と国際電話をかけたのです。実は、ビル内にいると飛行機が衝突したことがわからなかった。ドーンと揺れたけれど「なんだろうね？」と仕事を続けていたそうです。そこに日本から電話があった。家族から知らされた父親は「とりあえず避難しよう」とみんなに声を掛けて外に出た瞬間、ビルが崩れ落ちたのです。日本からの一本の電話で大勢の人の命が救われたのです。

この二つの出来事から、私は「放送メディアがとっさに、適切な言葉で情報を伝えることで、人の命を助けることができるんだ」と痛感したのです。

「働く」ということ

私は長年、ＮＨＫという放送メディアに身を置いていましたが、「社会で働くとはどういうことなんだろう」と考えました。

人間は社会的な動物です。社会で人とかかわるなかでしか生きられません。離れ小島で、たった一人で生きていた物語『ロビンソン・クルーソー』ですら、途中で奴隷が合流し、フライデーと名づけて一緒に暮らすのです。

人間は一人では生きていけない。すると「自分はこの社会でどんな役割があるんだろう」と一人ひとりが考えるようになるわけですね。

例えば「働く」ということがあります。ある企業が長い間、この社会に存続しているのは、みんなが喜んで買う商品やサービスを世の中に提供しているからではないでしょうか。社会の役に立つからこそ、その企業は経営が成り立っている。ならば、その会社に就職して働くことはたいへんな生き甲斐になるはずです。

人間として最もつらく悲しいのは「自分はこの世の中で必要とされていない」と思うことです。しかし、けっしてそんなことはありません。この世で生きていることは、どこかでなんらかのかたちで役に立っているのです。

皆、これから就職先を考えると思いますが、「自分はこの後社会に出て、世の中のためにどのような役割や働き方ができるのかな」と考えてほしいのです。働くことによって、世の中にどう貢献できるのか。これを念頭に、自分の進路を考えてもらうとうれしいなと思うんですね。

勉強は思わぬかたちで役に立つ

そんなことを考えながら働いてきましたが、ふと気がつけば一生懸命に取材をし、勉強してきたことが思わぬかたちで役に立っていることが往々にしてあります。

例えば、地震やそれに伴う津波です。津波は日本語ですが「Tsunami」という国際語になっています。そのきっかけはハワイにあります。日本がまだまだ貧しかった戦前、多くの人たちが新天地を求めてハワイに移住しました。オアフ島ではなくハワイ島の東海岸にヒロという地域があります。乾燥した場所の多いハワイにあって、ヒロは東からの貿易風が山にあたって毎日のように雨が降る、日本に似た温暖湿潤な気候なので、日本人が大勢住むようになりました。

ある日、ヒロに津波が到来します。津波は、英語ではビッグウエーブやタイガーウエーブと呼ばれていましたが、ヒロに住んでいた日本人たちが「津波だー」と叫びました。それを聞いた現地のアメリカの新聞が「これはTsunamiというらしい」と書いた。そこから津波はTsunamiという国際語になりました。働きながら、そういう知識を得られるわけです。

また、地震が起きるのはプレートテクトニクス（プレート理論）に基づいています。プレートが動くことで地球上にさまざまな異変が起きます。ハワイの島々は地図をよく見ると、北西から南東にかけて点在しています。同じ場所ながら違うタイミングで噴火してできた島が、プレートに乗って少しずつ移動し、ひと連なりのハワイ諸島を形成しました。

オアフ島にはダイヤモンドヘッドという火山の跡地があります。ダイヤモンドが採掘できるわけではなく、たまたまある人が見つけた岩が光っていたので、「ダイヤモンドだ！」と間違えた。それが名の由来です。今、オアフ島では火山は噴火していませんが、南東側にあるハワイ島ではキラウエア火山が活発に噴火活動を続けています。しかし、いずれこれも噴火を止めるんですね。次にはさらに南東で海底火山の噴火が始まり、新しい島ができるはずです。そこにはホットスポットと呼ばれる地下から直接マグマが上昇している地点があるのです。マグマが上昇している場所は変わらないのですが、その上にあるプレートが徐々に北西に動くので、結果的に火山が噴火して南東に島ができる。そういう仕組みなんですね。

　ということは、ハワイの島々は今、日本に向かって少しずつ進んでいるのです。何十万年先にハワイは日本領になるかもしれません。

　伊豆半島もプレートに乗って日本にやってきました。伊豆半島にはヤシの木が生えていますが、これは観光用に植えたものではありません。伊豆半島はもともとフィリピン付近にある島だったのです。それがフィリピン海プレートに乗ってはるばるやってきて、日本列島にぶつかったんですね。それが約五〇万年前のことです。

　地球が生きていることでさまざまな出来事が起きています。なにか一つを勉強していくと、どんどん話が広がっていく――。これこそ勉強の本当の楽しさなんだなぁと、思うんですね。

「自分は何も知らない」と思うこと

こうしていろいろなことを知るたびに、私が一番思うのは「ああ、自分はなんてものを知らないんだろう」ということです。「無知の知」という言葉があります。自分は何も知らないのだということに気づく。これが、実はとても大切なことなのではないかと思うんです。

勉強していなければ自分がものを知らないことに気づかない。だから勉強する気になれない。けれど、ちょっとでも勉強してみると、学問というのはほんとうに奥が深いことがわかる。「じゃあ、もっと知ろう」という意欲が出てくるわけですね。

私も中学生や高校生の頃は「なんで勉強をしなければならないんだろう」と悩んだことがあります。ところが、気象庁を担当していて地震について取材すると、マグニチュードが七から八に上がるとエネルギーが三二倍になるというのです。目盛りが一つ上がるだけでなぜ三二倍になるのでしょうか？　これは対数なんだよね。「そうか、対数はこういうときに使うのか。なぜ数学の先生はこのことを教えてくれなかったのかな」と思ったりするんです。

中学生で因数分解を習いますね。これもなぜやるのかよくわからなかった。ところがあるとき、「物事を整理してわかりやすく伝えるのは、因数分解そのものなんだな」と気がついたんですね。因数分解は数列や数式のなかで共通したものを見つけて一度外に出し、それ以外のものを括弧で括ることです。これはある複雑な物事や事象を人々にわかりやすく説明するときと同じです。いろいろな要素のなかから共通したものを見つけて、それを最初に出して説明しようとする。まるで同じなのです。

つまり、因数分解を習ったことによって、自然と頭のなかで物事を整理して、わかりやすく説明する力が備わったのだと思ったのです。ビートたけしさんも「何かを表現するとき、必要なのは因数分解の力だ」と言っていました。彼もそこに行きついたんですね。

生涯学び続ける力をつけよう

今、毎日勉強するなかで「いったいどんな意味があるのだろう」と疑問に思っているかもしれません。しかし、それはやがて自分の成長に大きくつながるのです。

先日、アメリカのマサチューセッツ工科大学（ＭＩＴ）を視察しました。さぞ最先端の技術や知識を教えているのだろうと思っていましたが、意外なことに音楽教室にはピアノがズラッと並んでいて、一般教養も熱心に教えていました。私はびっくりして「どうしてですか？」と尋ねました。

すると、最先端の技術や知識も教えているけれど、今の世の中のスピードでは四年も経つとそれらは古くなってしまう。だからその時点の技術や知識ではなく、大学を卒業したあとに自ら新しい知識を吸収したり、自分で最先端の技術をつくり出そうとしたりする能力こそ身につけさせるべきだと考えているというのです。「すぐ役に立つことは、すぐに役に立たなくなる」。そう考えているのです。

慶應義塾大学の塾長だった小泉信三も同じことを言っています。すぐに役に立たないようなことが後になってじわじわと役に立つということですね。世の中のさまざまな人たちの経験に裏付けられて中学校や高校のカリキュラムはつくられています。そのときはわからなくても、後になると役に立つことはいくらでもあるんですね。

とはいえ、中学・高校や大学で学べることはやはり限られます。すべてを学ぶことはできません。とすれば、身につけるべきは、社会に出ても生涯にわたって学び続けることができる力だろうと私は思うんですね。

私の父親は八八歳、つまり米寿を過ぎて急に体が弱ってしまって寝たきりの生活になりました。ところがある日、新聞広告を見ていた父は「『広辞苑』の第四版が出たらしいから買ってきてくれ」と私に言うのです。『広辞苑』はとても分厚い国語辞典ですね。「寝たきりなのにどうするんだろう?」と思いましたが、たまには親孝行をしようと買い求めて父に渡しました。

すると、重たい辞書を枕元に置いて、読み始めるんです。私は「なんという知識欲だろう!」とたまげましたね。八八歳を過ぎて寝たきりになってもなお『広辞苑』を読み続ける。なんという好奇心、向学心だろうと頭が下がる思いでした。

それから間もなく父は亡くなりました。いま『広辞苑』は第七版が出ていますが、私にとって『広辞苑』第四版が宝物です。

父は何歳になろうとも学ぶことを忘れなかった。学び続ければ人間はいくつになっても成長することができるんです。学び始めることに遅いということはありません。

皆さんは、勉強しようと思えばできる環境にあります。しかし、世界には勉強したくてもできない子どもが大勢います。あるいは「勉強がしたい」と言ったがために武装勢力に狙(ねら)われ、銃撃されて死にそうになったパキスタンのマララ・ユサフザイさんという少女もいます。ちょうど君たちと同じくらいの年齢ですよ。

勉強しようとすると殺されてしまうような社会もあるなかで、君たちは勉強しようと思えばいくらでもできる。こんなに幸せなことはないんですね。学ぶことの楽しさを見つけてもらえればいいな、と思っています。

（この授業は二〇一三年一一月一六日に行われた）

◎若い人たちへの読書案内

どうしても、これだけは読んでおいてほしいもの。一番に挙げるのは『**君たちはどう生きるか**』です。**吉野源三郎**（げんざぶろう）が書いたこの本の最初の版が出たのは一九三七年のこと。中国大陸では日本軍が日中戦争の泥沼に入っていたときです。その四年後、日本は日中戦争によって諸外国から受けた経済制裁に耐えかね、破れかぶれの太平洋戦争に突入していきます。

そんな時代の中で、この本は書かれました。言論の自由が次第に失われていく中で、著者は、せめてこれだけは若い人たちに伝えたいという熱き思いを込めて書き上げました。

この書に出てくる中学生とは、実は旧制中学。いまの高校に該当します。おそらく多くの読者が、旧制中学が舞台とは気づかずに読むことでしょう。それほど現代でも古びることのない内容になっているのです。

戦後もずっと読み継がれた結果、現在は複数の出版社から出ていますし、新たに漫画版も出て、ベストセラーになっています。でも、あなたには漫画版ではなく、活字の詰まった本を読んでほしいのです。きっと、著者の「君はどう生きるつもりなの？」という問いかけの声が聞こえてくることでしょう。

私が慶應義塾大学に入学が決まってから手に取ったのが、**『学問のすゝめ』**です。慶應義塾の創設者・**福沢諭吉**の本を慌てて読んだというわけです。

「天は人の上に人を造らず人の下に人を造らずと言えり」

実に有名な書き出しです。この一節は多くの人が知っているものの、本は読んだことのない人が多いのも事実でしょう。人は生まれながらに平等のはずなのに、上下関係が生まれるのは学問を修めているかどうかにかかっているという主張です。

福沢は難解な言葉遣いを嫌い、多くの人に読みやすい簡明な文章を心がけていました。それが、この本がベストセラーになったひとつの理由です。現在では現代語訳が出ています。そうした本を参考にしつつも、やはり原文に当たってみましょう。

本の紹介というと、どうしても古典が多くなってしまいます。そこで、比較的最近出た本も紹介しましょう。その名も**『読書の価値』（NHK出版新書）**です。作家の**森博嗣**氏による本の読み方指南です。

本を読むことにどんな意味・意義があるのか。彼はこう言います。

「本に出会うことは、人に出会うこととかぎりなく近い。それを読むことで、その人と知り合いになれる」

人は一人では生きられません。人と付き合うことで、人としての生きがいも見出せます。でも、まったくの他人と親しくなるのは、なかなか難しいこと。本を読めば、それが達成できるのです。